Alles Liebe wünscht Ihnen Frau Nussbaumer

Ihre Guida Sorgner

Amstetten, 6. Mai 1997

Ilse Höger-Orthner

VOM ZAUBER DER ALTEN ROSEN

BLV

Die Deutsche Bibliothek –
CIP-Einheitsaufnahme

Vom Zauber der alten Rosen /
Ilse Höger-Orthner. – 2., völlig überarb. Aufl.,
Neuausg. – München; Wien; Zürich: BLV, 1994
ISBN 3-405-14672-0
NE: Höger-Orthner, Ilse

Bildnachweis:
Alle Photos von der Autorin außer:
AKG: 15, 18, 33, 35, 36, 37;
Historisches Museum der Stadt Wien: 30;
Hoppe: 8/9, 20 o, 40/41, 54, 77, 87, 88;
Jensen: 32 u, 50, 51 u, 55 ol, 94;
Morell: 6/7, 25, 57, 65 o, 66, 75 ol, 75 Mo,
75 ur; Nickig: 11, 22/23, 24, 32 o, 44/45, 48 o,
55 u, 58 ur, 64 u, 68 o, 70, 71 o, 74 Mu, 75 Mu,
75 ul, 86, 92; Reinhard: 4/5, 53, 59, 60 u, 60 o,
63 o, 69 ol, 79, 82 ul, 93; Riedmiller: 67 o;
Sammer: 31, 38/39; Schultheis: 62;
Schwertle: 26 ol; Strauß: 2/3.

Bild Seite 1:
'Paul Ricault', eine der dunkelsten Zentifolien
mit kugelig geformter Blüte

Bild Seite 2/3:
'Major', sie gilt als die Urform der Zentifolien
und ist in ihrem Duft und ihren dicht gefüllten
Blüten kaum zu übertreffen.

Nebenstehend:
'Mme. Boll', eine im Biedermeier sehr beliebte
Rose ist diese Portlandrose mit dicht gefüllten
rosaroten Blüten.

BLV Verlagsgesellschaft mbH,
München Wien Zürich
80797 München

Neuausgabe
2., völlig überarbeitete Auflage

Lektorat: Barbara Kiesewetter
Layout und Herstellung: Ernst Großkopf
Einbandgestaltung: Studio Schübel, München

Gesamtherstellung: F. Pustet, Regensburg

Printed in Germany · ISBN 3-405-14672-0

Inhaltsübersicht

Einleitung

In der Geschichte der Pflanzenentwicklung nimmt die Rose eine besondere Stellung ein. Sie zählt zu den ältesten uns bekannten Blumen und hat uns Menschen von Anbeginn begleitet. Spuren ihres Vorhandenseins lassen sich bis zum Beginn der Menschheitsgeschichte verfolgen. Immer hatte die Rose einen hohen Symbolwert, wobei jedes Volk für rituelle Zwecke seine bevorzugten Arten kultivierte. Königin der Blumen nannten sie schon die Griechen der Antike und mit ihrer Vielgestalt und ihrer Farbenpracht faszinierte sie die Menschen schon vor Jahrtausenden. Ihr betörender Duft hat bereits unsere Vorfahren verführt, die ihre rauschenden Feste mit Rosengirlanden und Kränzen aus Rosenblüten schmückten. Die Rosen jener Tage haben bis heute nichts von ihrem Zauber verloren und wer jemals die Gelegenheit hatte, den Duft einer Damaszener Rose oder einer Centifolie zu genießen, dem wird dieser Wohlgeruch unvergeßlich bleiben.

Es sind die sogenannten Alten Rosen, die uns mit ihrer Üppigkeit des Blütenflors und des Duftes auch heute wieder bezaubern.
Ist es Zufall, oder steckt vielleicht eine verborgene Sehnsucht dahinter, die uns gerade jetzt diese antiken Rosenschätze wieder entdecken läßt? In unserer von Nüchternheit und Hektik geplagten Alltagswelt ist es wohl der Wunsch nach Schönem, der uns die romantischen Gärten vergangener Tage mit ihren Bögen und Pergolen, umrankt von alten Rosen, begehrenswert erscheinen läßt.

Aber was sind Alte Rosen? Zu Recht werden Sie sich das jetzt fragen. Kann man alte Pflanzen aus grauer Vorzeit plötzlich wieder käuflich erwerben?

Einleitung

Allen Rosenliebhabern gleich vorweg die frohe Botschaft: Man kann. Alle in diesem Buch erwähnten Rosen sind im Fachhandel als junge gesunde Pflanzen erhältlich. Rosenzüchter und Spezialisten haben sich dieser Schönheiten wieder angenommen und ihnen verdanken wir deren Verbreitung. Mit ihren meist dicht gefüllten Blüten, die uns in ihrer Üppigkeit an Rüschen und Volants des Rokoko erinnern, stellen sie die modernen Rosen in den Schatten. Ihr wunderbarer Duft ergänzt ihre Erscheinung auf ideale Weise. Wie bei Antiquitäten beginnt eine Sammelleidenschaft zu erwachen, der nur von der Größe des Gartens ein Ende gesetzt wird: Eine rosarote, eine samtig purpurfarbene oder rubinrote oder eine kühle, weiße Rose. Der Farbreichtum und die unendlich vielen Schattierungen sind für Rosenliebhaber immer auf's Neue eine Verlockung.

Was im botanischen Sinn als alt beziehungsweise neu gilt und wie die Rosen sich in ihrem Erscheinungsbild unterscheiden, habe ich ab Seite 45 versucht so klar wie möglich darzustellen. Da diese »Alten« Rosen aber auch eng mit der Historie verbunden sind, sind diesem Gartenbuch einige Kapitel Rosengeschichte vorangesetzt, die zum besseren Verständnis dienen und in denen so manch Amüsantes verborgen ist.

Heute gibt es etwa 500 verschiedene Sorten wieder zu kaufen. Ein Bezugsquellennachweis sowie ein Verzeichnis der berühmtesten Rosengärten Europas beschließen dieses Buch.

Ein Korb gefüllt mit ›Alten Rosen‹ ist eine zauberhafte Dekoration.

Auf den Spuren der Rose

Von Mesopotamien bis Griechenland

Wohl kaum eine Blume ist so berühmt, wurde so häufig zitiert und wird so bewundert wie die Rose. Wo ihre Wiege stand, weiß man nicht genau. Legenden umranken ihre Herkunft. Die allerersten Hinweise auf ein Vorhandensein der Rose gibt es bereits im Tertiär, also vor mehr als ca. 25 Millionen Jahren. Als Lieblingsblume der Menschheit ist sie eng mit unserer Zivilisation verbunden und wir finden die Rose bei allen Kulturen der nördlichen Hemisphäre – in China ebenso wie bei den zentralasiatischen Völkern, in Indien und vor allem in Persien und Kleinasien.

Vor etwa 50 Jahren fanden Archäologen bei Ausgrabungen in Mesopotamien, dem heutigen Irak, die ältesten Spuren der Rose. Allerdings zeigen die fossilen Funde nur Zweige, Blätter und Dornen, aber leider keine Blüten. Botaniker, die sich mit den Pflanzen aus dieser Zeit befassen, sind sich jedoch einig, daß es sich bei diesen Fragmenten um Teile der Gattung *Rosa* handelt. Sie kommt in den gemäßigten und subtropischen Klimazonen der Erde vor, ausschließlich jedoch auf der nördlichen Halbkugel.

Die Sumerer, eines der ältesten Kulturvölker der Welt, deren Siedlungsraum im Zweistromland zwischen Euphrat und Tigris lag, waren die Ersten, die Interesse an Rosen zeigten. Bereits 2600 v. Chr., so wird berichtet, brachte König Sargon I. von einem Feldzug jenseits des Taurus-Gebirges »Weinstöcke, Feigen und Rosen« mit. Heute wissen wir, daß dort an den Südhängen des Kaukasus tatsächlich die Heimat vieler Rosen liegt. 1000 Jahre später siedelten in diesem legendenumwobenen Gebiet – man glaubt, dort sei das Paradies, der Garten Eden, gewesen – die Babylonier. Unter der Herrschaft Nebukadnezars entstanden dort um ca. 1600 v. Chr. die wohl berühmtesten Gärten der Welt, die »Hängenden Gärten der Semiramis«. Diese meist terrassenförmig angelegten Gärten sollen rosenumrankt gewesen sein. Für die damalige Welt war eine Anlage wie diese höchst beeindruckend und diese Gärten zählen daher zu den sieben Weltwundern der Antike. Semiramis hatte wohl ganz simple Gründe, solch einen Garten anzulegen. Sie war eine Prinzessin aus dem Reich der Meder, denen, wie auch den Persern, die Rose als heiliges Symbol galt und bei religiösen Zeremonien verwendet wurde. Nach dem Vorbild ihrer Heimat am Fuße des Kaukasus gestaltete sie nun in ihrem neuen Zuhause die Gärten rund um ihren Palast. Zu den zahlreichen Blumen, die sie pflanzen ließ gehörten selbstverständlich auch Rosen.

Das wahre Rosenland jedoch war Persien. Frühlingsfeste wurden jedes

Eine der ältesten Gallica-Rosen ist die dunkelrote 'Tuscany'. Wenn die Rose voll erblüht ist, bilden die gelben Staubgefäße einen aparten Kontrast zu den samtigen Blütenblättern.

Eine romantische Rosenpergola.

Jahr in »Gullistan« gefeiert. Dieser Name bedeutet soviel wie Rosengarten, Rosenland. Ganz Persien galt als Rosenland, in dem selbst die wilden Rosen üppigst gediehen und märchenhafte Schilderungen aus dem Orient berichten über die Üppigkeit der Rosengärten, besonders der von Teheran und Shiraz. Die Perser erkoren die Rose zu ihrer Lieblingsblume und betrieben bereits damals regen Handel mit Rosen und Rosenprodukten, und von persischen Kriegern wurde die Rose bereits Jahrtausende vor Christus als Wahrzeichen verwendet. Natürlich kannten auch die anderen Völker der antiken Welt die Rose. Bei den Juden beispielsweise wurden innerhalb der Stadtmauern Jerusalems Rosengärten kultiviert und sie kannten bereits die Sitte, sich bei festlichen Anlässen mit Rosen zu schmükken. Ein Brauch, der später von den Griechen und Römern und auch von den Christen übernommen wurde. Auch im Alten Testament ist von Rosen die Rede: als »Rose von Sharon« und »Rose von Jericho«. Beide Berichte haben aber eher einen symbolischen Charakter. Nach Ägypten, wo es keine wilde Rosen gab, gelangte die Kenntnis über die Rosenkultur erst mit der Eroberung durch die Perser im 3. Jahrhundert v. Chr. Allerdings entwickelte sich die Rosenzucht dort später zu einer Hochkultur. Aber ich will der Geschichte nicht vorgreifen.

Das wichtigste Zeugnis über das Vorhandensein von Rosen in der Antike und gleichzeitig die älteste bildliche Überlieferung fand man in den Ruinen des Palastes von Knossos. Es ist ein Fresco, das circa 1600 v. Chr. entstand und Tiere und Blumen, vor allem Rosen zeigt. Als der Palast von

Auf den Spuren

Knossos bei dem großen Erdbeben um 1500 v. Chr. einstürzte, zerbrach auch dieses Fresco und konnte nur bruchstückhaft wieder zusammengefügt werden. Später wurde diese Rose als sogenannte Heilige Rose identifiziert, wie sie auch in ägyptischen Gräbern gefunden wurde – *Rosa sancta* oder *Rosa richardii* genannt. Sie wurde von dem französischen Botaniker Richard in einem Werk über die Flora Abessiniens beschrieben. Es dürfte eine einfache, ungefüllte Gallica-Rose gewesen sein. Bedenkt man, daß das minoische Kreta eine sehr hohe Kultur hatte und mit den anderen Völkern des Mittelmeerraumes Handel betrieb (Phönizien, Ägypten, Griechenland), besteht kaum Zweifel, daß schon die Minoer die schönen phönizischen Rosen gekannt haben. Wie alle anderen Völker der antiken Welt brachten auch die Minoer die Rose vor allem mit den Göttern in Verbindung. Die Rose war die Blume der Aphrodite, also der Göttin der Liebe, aber auch die Blume des Todes. Erst später benutzte man die Rose auch für profanere Zwecke. Phitois und Gewänder wurden damit geschmückt. Die rosenbekränzten Röcke der minoischen Frauen, die bei festlichen Anlässen getragen wurden, geben uns ein Bild von der Verwendung dieser Blume im Kreta der Antike.

Von den ersten Rosen im antiken Griechenland erfahren wir durch Homer. Mit seiner Dichtung »Ilias und Odyssee« gelangte die Rose in den abendländischen Kulturkreis. Er schildert in seinen Versen eine Episode aus dem »Trojanischen Krieg«, in dem die Rose eine vieldeutige Rolle spielte. »Rosenfingrig« war bei ihm die Göttin der Morgenröte Eos und »rosenwangig« die Schöne Helena,

um deretwillen die Helden von Troja kämpften. Einer Legende nach soll sogar das Schild des Achill mit Rosen verziert gewesen sein. Sappho, die griechische Dichterin, die im 7. Jahrhundert v. Chr. auf der Insel Lesbos lebte, besang die Rose erstmals als Königin der Blumen.

Viel weltlicher berichtet uns Herodot. Er lebte im 5. Jahrhundert v. Chr. und war ein weitgereister Mann, der die Völker der damaligen Welt sehr gut kannte. Herodot wird heute als Vater der Geschichtsschreibung bezeichnet. Von ihm erfahren wir über den Garten des König Midas, in dem Rosensträucher mit gefüllten Blüten wuchsen, deren Duft alle bis dahin bekannten Blumen übertraf. Er nannte sie »Zentifolien«, was soviel bedeutet wie Hundertblättrige. Vermutlich waren es jedoch Damaszener Rosen. Einen botanischen Hinweis für das Vorhandensein von Gartenrosen gibt es bis ins 5. Jahrhundert v. Chr. jedoch nicht. Erst als sich zur Zeit Alexanders d. Großen die Tore nach Osten öffneten, wurde die Pflanzenwelt des östlichen Mittelmeerraumes und des Nahen Ostens bekannt, und die bis dahin unbekannten Rosen aus Persien und dem südlichen Kaukasus gelangten nach Hellas. Dort waren die griechischen Philosophen, vor allem der große Aristoteles, die ersten, die sich um die neu entstehenden Naturwissenschaften bemühten. Von einem seiner Lieblingsschüler, Theophrastus (371–287 v. Chr.), sind uns die wichtigsten botanischen Werke der Antike erhalten. Dieser Theophrastus legte sich einen privaten Garten an, in dem er all diese neuen Gewächse studierte. Er galt als ausgezeichneter Pflanzenkenner und von ihm stammt die erste Klassifizierung der damals bekannten Rosen. Man nimmt an, daß er über einhundert Werke verfaßte, von denen jedoch nur zwei erhalten geblieben sind. Wenn seine Beschreibungen für heutige Verhältnisse auch primitiv wirken mögen, so waren diese Werke doch von enormer Bedeutung und bildeten die Basis zahlreicher Arbeiten berühmter Botaniker.

'Ispahan', eine der schönsten Damaszener Rosen, deren Blüten sich auch gut zum Schnitt eignen.

Erstmals waren es keine poetischen Berichte, sondern naturwissenschaftliche Studien. Theophrastus experimentierte mit verschiedenen Pflanzen und sein Wissen über verschiedene Pflanzengemeinschaften gilt heute noch als wertvoll. Man könnte ihn als Urvater der Ökologie bezeichnen. Ihm verdanken wir das Wissen um die verschiedenen Blütenfarben und Formen der damaligen Rosen und er erzählt auch, daß die Rosengärten vorwiegend in Rosa- und Pinktönen blühten, daß die einfachen Rosen aus Kyrene am stärksten dufteten und daß daraus Schönheitsmittel hergestellt wurden.

Das Interesse, das die Griechen der Rose entgegenbrachten, war groß. Sie schmückten ihre Kultstätten mit Rosen und ehrten siegreiche Kämpfer mit Rosenkränzen. Die Bürger der antiken griechischen Stadt Sybarit – am Golf von Tarent gelegen und berühmt für ihren Reichtum – schliefen angeblich auf Matratzen, die mit Rosenblättern gefüllt waren. Der heute noch bekannte Begriff »auf Rosen gebettet« als Synonym für großen Wohlstand, geht auf diese Legende zurück. Um immer frische Rosen zur Hand zu ha-

'Alain Blanchard' ist eine Gallica-Rose mit purpurroten, gesprenkelten Blüten.

ben, ließen sich wohlsituierte Bürger private Rosengärten anlegen, und am Fuß der Akropolis wurde ein Blumenmarkt abgehalten, auf dem täglich frische Rosen angeboten wurden. Schon damals verschenkte man Rosen als Zeichen der Liebe und Verehrung.

Ausgedehnte Kulturen entstanden auf der Insel Rhodos, die der Rose ihren Namen verdankt, sowie auf Kyrene und Phillipi, wobei »die Intensität des Duftes von Ort zu Ort verschieden sein kann«, so eine Aussage von Theophrast. Jene von Kyrene hatten den stärksten Duft, und diese Rosen wurden für Schönheitsmittel verwendet. Vermutlich handelte es sich um Damaszener-Rosen.

Nach dem Zusammenbruch des hellenischen Reiches kam die Rose über Sizilien und Kampanien in den Machtbereich der Römer. Unter ihrer Herrschaft erlangte diese Blume ihren größten Ruhm.

'Charles de Mills', eine sehr alte Gallica-Rose mit dicht gefüllten Blüten in Dunkelrot.

Römische Rosenfeste

In wohl kaum einer Epoche hatten die Rosen eine so große Bedeutung wie zur Zeit der Römer. Über die ehemals griechischen Kolonien im Süden Italiens, vor allem in Paestum, gelangte die Kenntnis der Kultur von Gartenrosen nach Rom und es gibt Aufzeichnungen, wonach schon sehr früh, nämlich 540 v. Chr. in den Gärten reicher römischer Bürger neben Lilien und Mohnblumen auch Rosen gediehen.

Griechischen Bräuchen folgend dienten die Rosen in den ersten Jahren des Imperiums vor allem kultischen Zwecken. Die Römer weihten die Rose der Venus. Entsprechend wurden die der Göttin der Schönheit und Liebe geweihten Tempel mit Rosen geschmückt, und ihr schenkte man jedes Jahr die erste Frühlingsrose.

Auch die griechischen Dionysosfeste wurden von den Römern übernommen und es gab kein Trinkgelage im antiken Rom, bei dem man nicht zu Ehren Bacchus – so nannten die Römer den Gott des Weines – Räumlichkeiten und auch sich selbst mit Rosen schmückte. Alle Völker der Antike glaubten, blumenbekränzt den Göttern gefälliger zu sein. Bei römischen Festmahlen wurde das Tragen von Blumenkränzen sogar vorgeschrieben, weil das Mahl für die Römer eine religiöse Zeremonie darstellte. Mit dem Aufstieg des römischen Weltreiches gewann die Rose jedoch zunehmend weltliche Bedeutung. Plinius der Ältere, ein Chronist seiner Zeit, schildert genau, wie sich der Brauch der Bekränzung entwikkelte. Ursprünglich bestanden die Kränze, mit denen ehrbare Häupter dekoriert wurden, aus wilden Gräsern, Lorbeer, Weinlaub und Efeu. Jede Gesellschaftsgruppe hatte dabei

Ein römisches Mosaik mit Rosen

ihre bestimmte Pflanze. Später pflegte man Rosen den Vorzug zu geben. Schließlich wurde diese Sitte so weit verfeinert, daß man diese Kränze nur noch aus aneinander gefädelten Blütenblättern fertigte. Rosen wurden in Rom zum Statussymbol schlechthin.

Sie durften bei keinem Gastmahl fehlen und offizielle Feste und Empfänge waren immer begleitet von phantastischen Rosendekorationen. Kränze schmückten nicht nur die Häupter der geladenen Gäste – nicht zuletzt wegen der vermeintlich kühlenden Wirkung der Rosenblüten – sondern man dekorierte auch Wände und Säulen, ja selbst Speisen und Trinkbecher waren mit Rosen verziert. Bei den Trinkgelagen zu Ehren Bacchus pflückte man zu fortgeschrittener Stunde einzelne Rosenblüten aus seinem Kranz und aromatisierte damit den Wein, den man anschließend gemeinsam mit den Rosenblüten trank. Zahlreiche römische Dichter hinterließen uns ihre detaillierten Aufzeichnungen römischer Festlichkeiten. Wir können uns heute kaum noch eine Vorstellung machen, mit welcher Üppigkeit damals gefeiert wurde. So war es unter reichen Römern üblich, das Festmahl auf mit Rosen gefüllten Liegesofas einzunehmen. Dieser Luxus erreichte unter Kaiser Augustus seinen Höhepunkt. Unter seiner Regentschaft bestreute man selbst Straßen und Plätze bei staatlichen Festtagen mit Rosen. Wie immer aber wenn ein Volk im Überfluß lebt, gibt es Exzesse negativer Art. In Rom war dies nicht anders. Kaiser Heleagabus gelangte mit seinem Krönungsfest zu solch grausiger Berühmtheit: Er ließ während eines Banketts mittels einer speziellen Vorrichtung Rosen auf seine Gäste regnen. Unter diesem dichten Blütenregen wären einige daran beinahe erstickt, weil eine Flucht durch abgeschlossene Türen unmöglich gemacht wurde. Als Blume der Venus war die Rose im alten Rom natürlich auch ein Symbol für die Liebe. Cleopatra ließ anläßlich eines Gastmahls für ihren Geliebten Marc Anton die Fußböden ihres Palastes ellenhoch mit Rosenblüten bedecken.

Bei den Römern gab es aber auch einen Brauch ganz anderer Art, der zum Teil heute noch Gültigkeit hat. Sie betrachteten die Rose als Geheimnisträgerin und pflegten diplomatische Verhandlungen und vertrauliche Gespräche unter Rosen zu führen.
Dies geschah meistens nach den Mahlzeiten an dafür besonders geeigneten Orten, die immer mit einer herabhängenden Rose als Zeichen der Verschwiegenheit gekennzeichnet waren. Zurückzuführen ist diese Sitte auf eine griechische Legende, wonach Harpocrates, der Gott der Verschwiegenheit, von Eros eine Rose erhielt mit der Bitte, über die Liebesabenteuer seiner Mutter Aphrodite Schweigen

Die Damaszener-Rose 'Leda' trägt den Namen einer griechischen Königin. Mit ihren roten Knospen, aus denen sich weiße Blüten entwikkeln, ist sie unverwechselbar.

zu wahren. Zusammenkünfte solcher Art nannte man »sub rosa« und das Symbol dafür ist bis in unsere Zeit sichtbar. An den Beichtstühlen im Dom von Worms zum Beispiel ist die Rose deutlich zu erkennen. Erstaunlich ist, daß es immer eine weiße Rose war, die dafür Verwendung fand.

Nicht vergessen sollte man die Rolle, die die Rose im Römischen Reich bei der Totenverehrung spielte. Jedes Jahr im Mai fand ein traditionelles Fest für die Verstorbenen statt. Die Rosengirlanden, die die Frauen dafür flochten, trug man anschließend auf die Gräber. Man nannte dieses Fest »rosatio« und den Tag »rosalia«.

Um den riesigen Verbrauch an Rosen zu decken, wurden aus der römischen Provinz Karthago ganze Schiffsladungen importiert. Auch mit Ägypten entstand reger Handel, von dort wurden vor allem im Winter Rosen nach Rom transportiert, was kritische Geister, denen dieser Kult zu weit ging, ausrufen ließ: »Schickt uns Getreide statt Rosen«. Kaiser Octavian veranlaßte deshalb, nicht zuletzt auch, um Kosten zu sparen, in Italien selbst Rosenkulturen anzulegen. Viele Gebiete wurden dadurch berühmt, ganz besonders die Gegend um Neapel und im Golf von Salerno bei Paestum. Die Rosen blühten dort dank des idealen Klimas zweimal im Jahr. Heute weiß man, daß jene Rosen nicht nur wegen des günstigen Klimas zweimal blühten, sondern daß es sich um die zweimal blühende Damaszener-Rose handelte, die vorwiegend in diesem Gebiet angepflanzt wurde.

Bei den Römern findet man erstmals in größerem Rahmen sachlich detaillierte Angaben über die Rosenkultur. Man erfährt, daß die Rosengarten meist in Beete eingeteilt waren

Ein Beispiel eines Kopfschmuckes der Antike.

und die Rosenstöcke oder Bäume einzeln darin standen. Auch das Wissen über Schnitt und Veredelung, wie z. B. das Aufpfropfen auf fremde Bäume (Orangen) verdanken wir Aufzeichnungen aus jener Zeit. Ursprünglich zog man Rosen aus Samen, doch schon im 4. Jahrhundert v. Chr. ging man zur Stecklingsvermehrung über. Die Rosenkulturen gediehen dank ausgetüftelter Bewässerungsanlagen prächtig, und der Rosenanbau breitete sich in Italien derart aus, daß er beinahe den Anbau der Feldfrüchte verdrängte. Um frühblühende Rosen zu erhalten, wurde warmes Wasser durch die Bewässerungsanlagen gepumpt oder junge Stöcke zum Vortreiben im Winter in Glashäuser gesetzt, um sie dann zeitig im Frühjahr ins Freie pflanzen zu können.

In seiner »Historia naturalis« beschreibt Plinius die Rosen des antiken Roms. Im 21. Buch gibt er Auskunft, welche Rosen man damals kultivierte. Er schildert die unterschiedlichen Farben, die Struktur der Blätter und die Anzahl der Blütenblätter. Die geringste Zahl war fünf und sie steigerte sich bis zu hundert (Zentifolien genannt). Heute wird bezweifelt, ob jene Hundertblättrigen Rosen des Plinius echte Zentifolien waren. Die Rose von Milet beschreibt er als brillant rot mit nicht mehr als 12 Blütenblättern und stellt damit klar, daß diese Rose eine *Rosa gallica* war, denn nur sie brachte damals rote Blüten hervor. Insgesamt klassifizierte er 11 Hauptarten und vier weniger bedeutende. Interessant ist vielleicht auch, daß er die Rosen nach Orten, an denen sie kultiviert wurden, gliederte und ihnen entsprechende Namen gab. Auch wenn heute sicherlich eine andere Einteilung vorgenommen würde, so sieht man doch aus seinen Aufzeichnungen, welche Vielfalt damals bereits existierte. Die berühmteste und vielleicht auch beliebteste unter ihnen war die stark duftende und zweimal blühende Rose von Paestum.

All jenen Rosenliebhabern, die sich nun auf die Suche nach dieser antiken Rose begeben wollen sei jedoch gesagt: »Die Ruinen sind schweigsam«. Man findet zwar noch Rosen in den Tempelanlagen, doch mit den alten Damaszener-Rosen jener Tage sind sie nicht mehr identisch. Mit dem Verfall von Paestum verschwanden vorerst auch diese Schätze und Damaszener-Rosen galten in Italien als ausgestorben. Erst viel später im Mittelalter kamen sie wieder zum Vorschein.

Schon früh waren Rosen als Heilpflanzen bekannt: Eine etwa 600 Jahre alte Abbildung aus der lateinischen Fassung einer arabischen Gesundheitslehre.

Die Klostergärten im Mittelalter

Erlebte die Rose bei den Römern ihren Höhepunkt, so versank die Königin der Blumen in den folgenden Jahrhunderten in tiefer Dunkelheit. Für die ersten Christen war die Rose der Inbegriff des Heidnischen und allein die Tatsache, daß die Rose Venus und Bacchus geweiht war und vorwiegend sinnlichen Genüssen diente, galt den Päpsten als verwerflich. Die Rose, Symbol der Lustbarkeit und Zügellosigkeit, wurde verbannt und ihre Verwendung zur Sünde erklärt. Zudem wurden die noch verbliebenen römischen Gärten Opfer der Zerstörung vandalischer Eroberer zur Zeit der Völkerwanderung.

Die Menschen ließen jedoch nur ungern von den gewohnten Bräuchen und so dauerte es nicht lange, bis die Rose wieder verehrt wurde. Man verknüpfte sie nun mit dem neuen Glauben und übertrug die Tugenden der heidnischen Göttinnen auf Maria. Damit wurde die Rose zum Sinnbild des Christentums schlechthin.

Da die neue Religion anfangs vor allem über die Klöster verbreitet wurde, wundert es nicht, daß auch die Kultur der Rose nur in den Klöstern gepflegt wurde. Diese hatten nach römischem Vorbild immer einen Garten, in dem es neben Früchten und Heilkräutern auch Lilien und Rosen gab. Allerdings ist von der Vielfalt der römischen Rosengärten kaum etwas übriggeblieben.

Es ist den Benediktinern zu verdanken, daß die römischen Gartenrosen in Mitteleuropa bekannt wurden. 596 brachten sie sie aus dem Mittelmeerraum zuerst nach England, von wo aus sie sich rasch auch in den Klostergärten auf dem Festland verbreiteten.

Bereits im 6. Jahrhundert ließ der Merowinger König Childebert für seine Gemahlin einen Rosengarten in der Nähe von Paris anlegen.

Und glaubt man der Legende, so gab es sogar schon im Jahre 457 in der französischen Stadt Salency zu Ehren des Heiligen Medard wieder ein Rosenfest. Dabei wurde dem tugendsamsten Mädchen ein Kranz aus Rosen verliehen. Die »Tugendrose«, die später vom Papst an herausragende Persönlichkeiten verliehen wurde, geht auf diese uralten Bräuche zurück. Die Rose als Blume in der Heraldik zu wählen, hat ebenfalls damit zu tun.

In ländlichen Gegenden feierten die Menschen wieder Maifeste, bei denen das schönste Mädchen mit einem Kranz aus Rosen zur Maikönigin gekürt wurde. Und wie schon bei den Römern, widmete man dieses Fest der Heiligen Rosalia. In einem kleinen Dorf bei Palermo läßt man heute noch bei diesem Fest Rosenblüten von der Kirchendecke regnen – ein wunderbares Zeugnis dieses alten Brauchs.

Eine rosarote Gallica-Rose wie 'Juliette' ist eine Seltenheit.

In Deutschland taucht die Gartenrose erstmals zur Zeit Karls d. Großen auf. Er war ein großer Pflanzenliebhaber, und sein Sohn, Kaiser Ludwig der Fromme, verfaßte eine Verordnung, wonach in den kaiserlichen Gärten auch Rosen kultiviert werden sollten: »Wir wünschen, daß Sie im Garten alle Kräuter haben, d. h. Lilien, Rosen …«, heißt es im 70. Kapitel jenes umfangreichen Werkes »Capitulare de villis vel curtis imperialibus«. Das war um 800 n. Chr. und interessant dabei ist, daß die Rose damals zu den Kräutern bzw. Heilpflanzen gezählt wurde. Ihre heilkräftige Wirkung war demnach damals bereits bekannt. Es wird angenommen, daß es sich bei den Rosen Karls d. Großen um Gallica-Rosen und um Wildrosen handelte.

Die Pflege und das Studium dieser »neuen Pflanzen« oblag im frühen Mittelalter vor allem den Benediktinermönchen. Sie hatten die Aufgabe, den Bestand zu erhalten und alle Beobachtungen systematisch aufzuschreiben. Eine der frühesten Aufzeichnungen über Rosen ist im Kloster St. Gallen in der Schweiz erhalten. Dort wurde im Arzneigarten ein Beet mit »Rosas« kultiviert. Die Rosen, die man sich damals in den klösterlichen Gärten zog, dienten neben ihrem Nutzen als Heilpflanze

in erster Linie zum Schmücken der Kirche bzw. der Priester. Ein berühmter Bischof, Roger de Walden, der 1405 in London geweiht wurde, trug einen Kranz aus roten Rosen. Ein Brauch, der sich bis in die Zeit der Reformation hielt. Eine etwas weltlichere Anschauung hatte der schwäbische Mönch Walafried Strabo aus dem Kloster Reichenau am Bodensee. Im Jahr 841 verfaßte er sein botanisches Werk »Hortulus« (das Gärtchen), worin er dieses besang und Lilien und Rosen begeistert beschrieb.

Wie dem auch sei, aus all diesen Schriften geht hervor, daß Rosen nur in Klöstern gezogen wurden. Das »gemeine« Volk wußte damals noch nicht viel über Gartenrosen und erst nach und nach fand man diese Blumen auch außerhalb der Klostermauern, zum Beispiel in den kleinen Gärtlein der Burgfrauen, die die Rosen ebenfalls zu Heilzwecken pflanzten. Bald jedoch erkannten sie die Schönheit dieser Blumen und man könnte sagen, daß es Mode wurde, sich einen Rosengarten anzulegen. Dieser auf dem begrenzten Raum einer mittelalterlichen Burg meist nur winzige Garten, war nun der ganze Stolz der Burgfrau und auch wenn er manchmal nur einen einzigen Rosenstock beherbergte, war es doch ein Platz der Wonne, an dem man Lust empfand. Die Namen, mit denen man solch ein Gärtchen benannte, spre-

Rosa × alba 'Suaveolens', die weiße Rose von York (oben).

'Maréchal de Villars'.

chen für sich. »Wonnesamer Anger«, »Lustgarten«, »Kosegarten«, »Rosgart«. In den zahlreichen Liedern der Minnesänger und in Sagen und Märchen wurde er phantasievoll beschrieben. Im Nibelungenlied wird von Kriemhilds Rosengarten erzählt, und auch der Zwergenkönig Laurin hatte einen Rosengarten wie man aus dem »Kleinen Rosengartenlied« erfährt. Der berühmteste Rosengarten jedoch ist zweifellos der von »Dornröschen«. Auf die Fülle von Legenden aus dem Mittelalter möchte ich aber erst in einem anderen Kapitel, in dem über die Poesie der Rose und die Rose in der Kunst, näher eingehen.

Bis zum Erscheinen der Bücher des Albertus Magnus gibt es keine genauen Überlieferungen, welche Rosen im frühen Mittelalter kultiviert wurden. Erst aus den Aufzeichnungen dieses bedeutenden deutschen Botanikers, der von 1193 bis 1280 lebte und dessen umfassendes Wissen über die Natur und die Philosophie nur mit dem des Aristoteles oder Theophrast zu vergleichen ist, wird deutlich, über welch enormes Wissen dieser Dominikanermönch verfügte. »De Vegetabilibus libri VII« gilt als eines der wichtigsten botanischen Werke der Geschichte. Darin beschreibt er erstmals die damals bekannten Rosenarten und unterscheidet zwischen Wildrosen und Gartenrosen. Ihm sind bereits weiße Rosen mit gefüllten Blüten bekannt und er vermerkt, daß Wildrosen nur fünfblättrig sind. Die erste Schilderung einer Rosenblüte ist ebenfalls ihm zu verdanken. Die Vorzüge der Gartenrosen liegen für Albertus Magnus vor allem im Duft und den Farben ihrer Blüten und er betont im Gegensatz dazu die höhere medizinische Wirksamkeit der Wildrosen. Albertus Magnus wurde 650 Jahre nach seinem Tod heiliggesprochen und später durch Papst Pius XII. als Schutzpatron der Botaniker eingesetzt.

Die duftende Alba-Rose 'Semiplena' war im Mittelalter sehr beliebt.

Auf einige Besonderheiten über Rosen macht ein Zeitgenosse Albertus Magnus' aufmerksam. Der Dominikanermönch Bartholomaeus Angelicus stellte die Behauptung auf, daß eine wilde Rose sich bei entsprechenden Kulturmaßnahmen in eine Gartenrose verwandeln kann, eine Gartenrose hingegen verwildert, wenn sie sich selbst überlassen bleibt. Das ist eine bekannte, aber immer noch sehr umstrittene These. Neben Wildrosen blühten in den mittelalterlichen Gärten weiße Rosen mit einfachen und gefüllten Blüten sowie verschiedene Gallica-Rosen. Unklarheit herrscht darüber, ob diese Gallica-Rosen den

Untergang des Römischen Reiches überdauerten und bis Frankreich vorgedrungen sind oder ob sie, wie vielfach angenommen wird, mit den ersten Kreuzfahrern aus Palästina und Syrien nach Frankreich gebracht wurden. Thibault IV., König von Navarra und Graf von Champagne und von Brie, brachte von einem seiner Kreuzzüge Rosen aus Damaskus in sein Schloß bei Provins nahe Paris. Diese roten »Damaskus«-Rosen waren jedoch, wie man heute weiß, Gallica-Rosen, die später als Provins-Rosen weltberühmt werden sollten. Verwirrung stiftete dieser südfranzösische Edelmann, der als Troubadour diese Rosen auch besungen hat, übrigens auch noch damit, daß er diese Rosen auch in seinen Rosengärten in der Provence anpflanzte, was zu Namensverwechslungen führte. (Provence-Rosen wurden später die echten Centifolien genannt.)

Doch zurück zu den Gallica-Rosen, die im Mittelalter vor allem in Frankreich eine große Rolle spielten und dort zu Weltruhm gelangten. Dank der besonderen Eigenschaft dieser Rosen, den Duft auch nach dem Trocknen noch zu bewahren, entstand schon um 1300 in der Stadt Provins nahe Paris eine florierende Industrie, die in kleinerem Maß auch heute noch existiert. Damals entdeckten die Apotheker und Kaufleute die Vorzüge dieser Rosen und fertigten aus den getrockneten Blütenblättern die verschiedensten Köstlichkeiten. Allen voran die angeblich beste Konfitüre Frankreichs, die im Laufe der Jahrhunderte immer wieder berühmten Persönlichkeiten zum Geschenk gemacht wurde. Da diese Rosenblätter beziehungsweise deren Produkte ausschließlich in Apotheken verkauft werden durften, erhielt diese Rose den Beinamen var. *officinalis*.

Die Rose wurde zur Lieblingsblume der Franzosen und die Rosenkultur entwickelte sich rasch auch in anderen Städten Frankreichs.

In der Nähe von Paris und Rouen, wo es riesige Rosenfelder gab, kam der in der Antike bereits bekannte Beruf der Rosenkranzbinder zu neuen Ehren.

Parallel zur Entwicklung der Rosen in Mitteleuropa gelangte mit der Eroberung der Iberischen Halbinsel durch die Mauren auch deren Gartenkultur nach Spanien und damit auch Rosenkulturen.

Lange bevor die Königin der Blumen Einzug in die Klostergärten des Abendlandes hielt, schmückte sie schon die Gärten der Kalifen, die Andalusien erobert hatten.

Bereits 755 ließ der erste Emir von Cordoba nach dem Vorbild der orientalischen Gärten seiner Heimat Damaskus in seinem Palast einen Rosengarten anlegen. Die Pflanzen dafür wurden aus Syrien und Persien, ja selbst aus Indien herbeigeholt. Berühmte Gärten wie die Alhambra in Granada oder der Alkazar in Sevilla geben heute noch Zeugnis von dieser hochentwickelten arabischen Gartenkultur. In dem bevorzugten Klima Südspaniens gediehen all die Pflanzen, die ein Gärtnerherz höher schlagen läßt. Umgeben von Springbrunnen und Pavillons blühten dort Rosen, Lavendel, Myrthe, Jasmin und viele andere exotische Pflanzen, wobei man Rosen zwischen Bäume pflanzte.

Entsprechend ihren Traditionen liebten die Mauren Duftpflanzen und sicherlich wuchsen in diesen Palastgärten echte Damaszener-Rosen, aus denen der arabische Arzt Avicenna erstmals ätherisches Öl destillierte.

Das Mittelalter brachte bekanntlich viele Legenden hervor. Eine davon möchte ich in diesem Zusammenhang erwähnen: Trotz ihrer üppigen Gärten waren auch die Araber immer auf der Suche nach Neuem. Solch ein Ziel war, eine blaue Rose zu züchten. Es gelang ihnen angeblich durch das Beimengen des Blaus von Indigo (ein pflanzlicher Farbstoff zum Blaufär-

Ein prächtiger Strauch einer *Rosa × alba* 'Maxima'.

ben) in das Gießwasser – Spielereien, die im Mittelalter sehr beliebt waren.

Im Vergleich zu Frankreich und Spanien blieben die Rosengärten im mittelalterlichen Deutschland eher spärlich. Nur in Thüringen und Hessen gelangten Rosen zu bescheidenem Ruhm. Trotz der vielen Rosengärten in Burgen und Schlössern war die Rose in erster Linie mit religiösen Zeremonien verbunden und dies änderte sich erst in der Renaissance.

Von der Renaissance zum Rokoko

Schon im ausgehenden Mittelalter war der Garten nicht mehr allein ein Nutzgarten, in dem ein Rosenstock stand, sondern wandelte sich allmählich zum reinen Ziergarten – eine Tendenz, die sich in der Renaissance mit dem Wiedererwachen der Antike noch verstärkte. Man pflegte nun einen verfeinerten Lebensstil und dazu gehört auch die Kultur von Rosen. Beispielsweise schildert Boccaccio in seinem Decamerone »Rosenspaliere und Rosenparterre aus weißen und roten Rosen«. Gärten im klassischen Sinne anzulegen, war damals in der Toscana, dem Zentrum der Renaissance, sehr »in moda«. Da durften Rosen natürlich nicht fehlen. Und duftende Damaszener-Rosen blühten nicht nur in den Gärten der Medicis, sondern waren auch in den Gärten »normaler« Bürger zu finden. Vor allem liebten die Florentiner Hecken und Spaliere aus immergrünen Pflanzen, die von Rosen begleitet waren. Da man sehr viel Wert auf Privatsphäre legte, zog man Rosen an Pergolen und Zäunen, zwischen Efeu und Buchs, und schuf dadurch intime Gartenräume.

In der Renaissance, die sich völlig an die Antike anlehnte, gewann die Rose als Blume der Liebe wieder ihre ehemalige Bedeutung zurück, und ein Labyrinth für Liebende aus einer Rosenhecke, woraus sich später die Rosenlaube entwickelte, durfte in keinem Garten fehlen. Das Streben des Menschen nach Vollkommenem ließ die Besitzer großer Gärten bald schon nach Neuem suchen. Sie begnügten sich nicht mehr nur mit dem alleinigen Besitz eines Rosengartens, es mußte etwas ganz Besonderes sein. Fürsten und Adelige wetteiferten untereinander oder mit den Großkaufleuten um »die Schönste im ganzen Land«. Im Zeitalter der Endeckungen, als sich die Handelswege öffneten, schickten sie ihre Hofbotaniker rund um den ganzen Erdball auf die Suche nach Neuheiten und Raritäten.

Diese Männer lebten in angenehmen Verhältnissen und pflegten Kontakt untereinander. Einer dieser hervorragenden Pflanzensammler war der Holländer Charles de Lecluse, besser bekannt als Clusius. Als ein Mensch der Renaissance war er überaus gebildet, hatte Jura, Medizin und Philosophie studiert, sprach acht Sprachen und verkehrte an den Fürstenhöfen Europas und mit den Großen seiner Zeit. Die Rosengärten der Grafen Fugger, in denen nicht weniger als 775 Rosenstöcke wuchsen, darunter die erste echte Moschusrose

Die Blüte einer echten Moschusrose.

und der Garten des Freiherrn von Riedesel in Kassel (heute Schloß Wilhelmshöhe) mit der größten Rosensammlung jener Zeit, sind nur zwei Gärten, die unter der Beratung dieses Pflanzenforschers entstanden. Clusius wurde später zum Hofgärtner Kaiser Maximilians II. nach Wien berufen. Von dort berichtet er das erste Mal von einer besonderen Rose, die ihm 1589 gebracht wurde. Er nannte sie eine besondere Kostbarkeit und gab ihr den Namen *Rosa centifolia batavica.* Sie galt damals als echte Novität, die sich in den folgenden Jahrhunderten zu einer der beliebtesten Rosen entwickelte.

Ebenfalls als Neuheit galten im 16. Jahrhundert die Damaszener-Rosen. Jene Rose der Römer, die selbst der führende italienische Pflanzenforscher Mattioli verloren glaubte, tauchte nun 1551 in England auf. Ob auch diese Rose mit den Kreuzfahrern ins Abendland gelangte oder ob sie mit einem Pflanzensammler den Weg nach Europa antrat, ist ungewiß. L'Obel, ein Zeitgenosse Clusius, der eine Beschreibung aller damaligen Rosen verfaßte, nahm sie in seine Liste mit auf. 10 verschiedene Arten kannte man damals zu Shakespeares Zeiten im Gegensatz zu den vier, die Albertus Magnus beschrieb und zu den zwölf Arten, die den Römern bekannt waren. Bald schon entdeckten englische Botaniker unterschiedliche Charaktere dieser Damaszener-Rosen und unterteilten sie in sommerblühende und herbstblühende beziehungsweise zweimal blühende Damaszener-Rosen.

Hecken und Spaliere aus immergrünen Pflanzen schaffen Gartenräume für verschiedene Rosen.

Eine andere Neuheit, die auf kuriose Weise nach Mitteleuropa gelangte, war die gelbe Rose *Rosa foetida,* auch 'Austrian Briar' oder 'Austrian Yellow' genannt. Auch von dieser Rose erfahren wir erstmals durch Clusius, der sie zuerst als Papiermodell sah. Er war von ihrer Farbe so begeistert, daß er sich sofort von einem Kurier eine lebende Pflanze aus Konstantinopel schicken ließ. Aber so sehr die sonnengelbe und goldfarbene Blüte der Traum der damaligen Gärtner war, so wenig wurde die erste gelbe Rose geschätzt. *Rosa foetida,* eine aus Armenien stammende ungefüllte Wildrose galt als nicht »kultiviert«. Hinzu kam der sehr unangenehme Geruch dieser Rose (»foetida« heißt soviel wie »stinkend«), der als sehr störend empfunden wurde.

Eine andere gelbe Rose, *R. hemisphaerica,* konnte sich im kühlen Mitteleuropa nicht gut anpassen und war deshalb nur selten in Gärten anzutreffen. Erst viel später, nämlich 1837 mit der Einführung einer gefüllten Varietät von *Rosa foetida,* der *Rosa foetida persiana,* besser bekannt als 'Persian Yellow', gelang den gelben Rosen der Durchbruch.

Eine sehr bedeutende Epoche für die Rosenentwicklung war das ausgehende 17. und das beginnende 18. Jahrhundert, als in Holland die *Rosa centifolia* bis zur Perfektion gezüchtet wurde. Diese zauberhaften, sehr stark duftenden Rosen wurden begeistert aufgenommen und es entstand ein richtiger Boom nach Centifolien. Von Holland aus wurden diese Rosen in alle Länder Europas verschickt.

Ein Land zeigte natürlich besonderes Interesse an diesen Novitäten: Es war Frankreich, wo am Hof König Ludwigs XV. die Rosenkultur eine besondere Stellung einnahm. Vor allem Madame Pompadour machte sich um ihre Kultur verdient. Diese junge Marquise – Mätresse des Königs – galt als besondere Rosenliebhaberin. Sie liebte es, sich Landhäuser zuzulegen und diese mit prächtigen Gärten zu verschönern. Die maßlose Huldigung des Königs an die Königin der Blumen und sein massenhafter Verbrauch von Rosenöl kam der Leidenschaft der Marquise dabei sehr entgegen. Unter ihrer »Regentschaft« wurden Künstler und Gärtner besonders gefördert, und dabei wurde die kaiserliche Schatulle um so manche Summe erleichtert. In ihrer Begeisterung für Rosen wurde Madame Pompadour nur noch von Kaiserin Josephine – über hundert Jahre später – übertroffen.

Eine fürstliche Rosensammlung existierte damals auch in Deutschland. Sie verdient besondere Erwähnung, weil sie in jüngster Zeit nach den alten Vorbildern wieder angepflanzt wurde: Es ist die Rosensammlung Weißenstein. Schon um 1600 entstand an Stelle eines aufgelösten Klosters auf dem Habichtswald bei Kassel ein Jagdschloß mit dazugehörigem Park, in dem einige hundert Rosen wuchsen. Als knapp einhundert Jahre später dieser Garten zu einem großartigen Park umgestaltet wurde, stand das

Rosa centifolia, das Kohlröschen, hat dicht gefüllte, würzig duftende Blüten.

'Perle von Weißenstein' als Aquarell.

Die gleiche Rose als blühende Pflanze.

Barock in seiner Blüte. Seltsamerweise jedoch war diese Epoche den Rosen gegenüber eher zurückhaltend und die Königin der Blumen mußte sich ein anderes Feld suchen, um ihre Schönheit zeigen zu können – die Kunst.

Erst wieder im Rokoko, als sich mit dem Wandel des Zeitgeschmacks auch die Gartenbaukunst vom französischen Stil zum englischen Landschaftsgarten wandelte, entdeckte man die Rose als Gartenpflanze wieder. 1766 ließ Landgraf Friedrich II. von Hessen-Kassel, ganz dem neuen Zeitgeist entsprechend, das ehemalige Jagdschloß seiner Vorfahren zu Repräsentationszwecken und zu einer Sommerresidenz umbauen und entsprechend auch den Garten im neuen »englischen« Stil gestalten. Daniel August Schwarzkopf, ein in England aus gebildeter Gartenmeister, stand dabei dem Landgrafen mit großem Können zur Seite. Die besondere Aufmerksamkeit des Hofgärtners galt den Rosen. Damit kam er den Neigungen des Fürsten sehr entgegen. Zu dieser Zeit entstand mit Unterstützung einiger großer Baumschulen sowie Rosensortimenten aus England eines der ältesten Rosarien in Deutschland. Erstaunlich für die damalige Zeit war die Vielfalt – nach einem Verzeichnis des Jahres 1777 wuchsen 25 verschiedene Rosenarten im Park – und die Vielgestaltigkeit der Pflanzung. Aus einer Zeichnung kann man entnehmen, daß die Rosen harmonisch in den Park eingefügt waren: als großes Rosenboskett mit hohen Strauchrosen oder als Rondell, um den Duft besonders gut genießen zu können. Obwohl die Rosenkultur auf Schloß Weißenstein von Erfolg gekrönt war – es gab 1785 150 verschiedene Sorten aus

49 Arten – wurde diese Anlage kaum 10 Jahre später als nicht stilgerecht für einen Landschaftsgarten wieder abgeräumt. An Stelle des Schlosses Weißenstein wurde vom nunmehrigen Kurfürst Wilhelm I. 1798 das Schloß Wilhelmshöhe erbaut. Die wunderbare Rosensammlung blieb dank der angeschlossenen Baumschule erhalten, und so konnten die Rosen unter Zuhilfenahme der phantastischen Rosenaquarelle des Hofmalers Salomon Pinhas identifiziert werden. Von den zahlreichen Züchtungen, die Daniel August Schwarzkopf selektierte, ist bisher leider nur eine wieder gefunden worden, nämlich die Gallica-Rose 'Perle von Weißenstein'.

'Chapeau de Napoleon', die eigenwillige, bemooste Mutation der Zentifolie.

Im Garten der Kaiserin

Als gegen Mitte des 18. Jahrhunderts britische Seefahrer nach Indien und dem Fernen Osten segelten, um für die königlichen Gärten Pflanzenmaterial einzukaufen, brachten sie neben zahlreichen exotischen Gewächsen auch die chinesische Rose, die sie im Garten der British-East-Indian Company in Canton entdeckten, nach Europa. Das war um 1751, und damit begann für die Rosen ein neues Zeitalter. In der westlichen Welt kannte man mit Ausnahme der Damaszener-Rosen bis dahin nur einmal blühende Rosen. Winterfeste Sträucher mit meist rosafarbenen, roten oder weißen Blüten.

Mit der Einführung dieser fernöstlichen Schwester der europäischen Gartenrose änderte sich die Rosenkultur von Grund auf. Die chinesischen Rosen waren zwar nicht frostfest, brachten aber eine kontinuierliche Blüte von Juni bis September und erstmals auch eine andere Wuchsform. Viele von ihnen waren Kletterrosen, deren aparte cremegelbe oder aprikosen- und pfirsichfarbene Blüten eine willkommene Ergänzung zur bisherigen Farbpalette bildeten.

Die Geschichte der Rosen in China reicht weit zurück. Schon Konfuzius hat ca. 500 v. Chr. in seinen Schriften über die Rosen in China berichtet, und immer wieder wurden Rosen künstlerisch auf Seidenmalereien oder Porzellan dargestellt. Im Zeitalter der Entdeckungen wurde es auch in Europa »en vogue«, sich mit diesen chinesischen Kostbarkeiten zu schmücken und dazu gehörten auch exotische Pflanzen. Pflanzenjäger wurden losgeschickt und bald tauchten diese »Exoten« im Abendland auf. Die ersten Spuren der chinesischen Rosen fand man in Italien, wo sie ein Renaissance-Maler schon 1596 in einem Gemälde festhielt. Ungefähr hundert Jahre später wurden in einem Jesuitenkloster bei Ferrara blühende Pflanzen entdeckt. Größere Verbreitung fanden diese Rosen jedoch erst Ende des 18. Jahrhunderts, als am französischen Hof Kaiserin Josephine sich für diese Neuheiten zu interessieren begann. Immer auf der Suche nach Exclusivem begeisterte sie sich besonders für die Rosen aus dem Fernen Osten und ließ all ihre Beziehungen spielen, um an die Pflanzen heranzukommen. Schiffe, die zu den Kolonien aufbrachen, wurden mit speziellen Behältnissen ausgestattet, um den sicheren Transport der Rosen zu ermöglichen. Redouté hat eine dieser ersten China-Rosen 1817 in einem Gemälde festgehalten.

Unter den verschiedenen China-Rosen, die in jenen Jahren nach Europa gelangten und die alle untereinander verwandt waren, erwähne ich nur jene vier, die für die Entwicklung unserer Gartenrosen eine Rolle spielten: *Rosa chinensis* 'Semperflorens', auch 'Slater's Crimson China' genannt. Sie ist eine niedrige Buschrose mit kirschroten, halbgefüllten Blüten und Urahn der später so beliebten Remontant-Rosen. 'Old Blush China' oder 'Parson's Pink China' ist eine zartrosafarbene Chinarose. Sie spielte eine ganz besonders wichtige Rolle, weil von ihr so berühmte Rosengruppen wie die Noisette-Rosen und die Bourbon-Rosen abstammen. Die dritte im Bunde war die erste nach »Tee duftende« Rose, *Rosa indica* 'Odorata' oder 'Hume's Blush Tea-scented China' genannt, der kurz darauf eine gelbe, ebenfalls nach »Tee duftende« Rose folgte, nämlich 'Park's Yellow Tea-scented China'. Es gibt vielerlei Ansichten darüber, warum diese Rosen »teeduftend« genannt wurden. Zwei der amüsantesten möchte ich hier wiedergeben: Einer Legende nach geht der Name »teeduftend« auf die chinesischen Teepflanzer zurück,

'Old Blush', die rosarote China-Rose, spielte eine wichtige Rolle in der Rosenentwicklung.

Rosa chinensis 'Semperflorens' war eine der ersten China-Rosen, die nach Europa gelangte.

die die Blütenblätter dieser Rosen zum Aromatisieren ihres Tees verwendeten. Die zweite Geschichte ist nicht minder amüsant. Anläßlich eines Vortrags hat sie ein bekannter Rosenjournalist zum Besten gegeben: Ganz in der Nähe der Zweigstelle der British-East-India Company in Canton (China) gab es eine große, sehr alte Gärtnerei, von der die Rosen in den Westen verschickt wurden. Diese Gärtnerei hieß Fa Tee.

Naheliegend, daß die Rosen, einmal in England angekommen, erst einmal als Tee-Rosen bezeichnet wurden, zumal englisch geschrieben, also »tea«, für einen Engländer eine unvergeßliche Bezeichnung war. Und wer weiß, ob nicht in diesen Rosensendungen tatsächlich auch das englische Lieblingsgetränk mitverpackt war. Botanisch betrachtet stammt der Duft dieser Rosen von der wilden »Teerose« *Rosa gigantea,* die im südöstlichen China beheimatet ist. 1824 wurden diese gelben Teerosen erstmals in Paris vorgestellt und ähnlich begeistert begrüßt wie schon Jahrhunderte zuvor die Centifolien.

Für die Rosen mag es eine Schicksalsfügung gewesen sein, man könnte es auch einen glücklichen Zufall nennen, daß sich zur selben Zeit, als all diese asiatischen Neuheiten Europa erreichten, eine enthusiastische Frau sich für Rosen interessierte. Kaiserin Josephine, die Gemahlin Napoleons. Sie, die mit einem ihrer Vornamen Rose hieß, ließ 1796 auf Schloß Malmaison eine erste Rosenparterre anlegen, die so gestaltet war, daß jeweils eine Rosensorte mit den Buchstaben ihres Namens Josephine korrespondierte. Als Napoleon 1807 ihr dieses Schloß als Wittum, das ist eine Witwenabfindung, schließlich zueignete, ließ die unglückliche Kaiserin Schloß und Garten restaurieren.

Auf Schloß Malmaison entstand der schönste Rosengarten mit der größten Sammlung jener Epoche. In der kurzen Zeit, die die Kaiserin auf Malmaison verbringen konnte, frönte sie ihren Leidenschaften und dazu gehörte neben dem Feiern prächtiger Feste auch das Sammeln ausgefallener Pflanzen und eben der Rosengarten. Sie wünschte, daß jedes französische Departement eine wertvolle Pflanzensammlung erhalten sollte, die aus ihrem Garten stammte. Dadurch wurde öffentliches Interesse geweckt und so berühmte französische Züchter wie Descement, Laffay oder Vibert hatten alle Hände voll zu tun, der stetig steigenden Nachfrage gerecht zu werden. Tausende neuer Sorten wurden gezüchtet und in ganz Europa

Die Teerose 'Gloire de Dijon' gehört zu den schönsten Rosen (links).

'Souvenir de la Malmaison', heißt diese rosarote Schönheit aus dem Garten der Kaiserin, benannt nach deren Schloß in der Nähe von Paris (rechts).

versandt. Alle Leute von Rang und Namen interessierten sich plötzlich für Rosen. Selbst während des Krieges mit England wurde von oberster Stelle dafür gesorgt, daß der Rosentransport unbeschadet blieb. Aus der ganzen Welt trafen neue Rosen in Frankreich ein, und es entstanden neue Rosenklassen wie Noisette-Rosen, Portland-Rosen und Bourbon-Rosen. Aber das Leben geht manchmal eigene Wege. Eine der schönsten Rosen, die ihr zu Ehren 'Souvenir de la Malmaison' genannt wurde, konnte sie nicht mehr kennenlernen. Kaiserin Josephine starb bereits 1814. Schloß und Garten wurden 1828 zur Versteigerung freigegeben.

Josephine war während ihres kurzen Lebens auch eine große Verehrerin der Künste, und einer der größten Rosenmaler seiner Zeit, Pierre-Joseph Redouté, weilte häufig als Gast auf ihrem Schloß. In ihrem Auftrag malte er seine bedeutenden Aquarelle der Rosen von Malmaison, die damit der Nachwelt erhalten blieben und noch heute Bewunderung finden.

Die Rose im Biedermeier

Wenn man vom Biedermeier spricht, so verbinden die meisten von uns damit eine Epoche, in der die Menschen ein fröhliches, unbeschwertes und gemütliches Dasein führten. Walzermusik und romantische Weisen gelten geradezu als Synonym dafür, und das liebliche Biedermeiersträußchen – eine Reminiszenz aus jenen Tagen – erinnert uns noch heute an diese Zeit voller Glückseligkeit.

Aber diese angeblich so unbeschwerten Tage waren nur scheinbar so friedlich. Nach den Siegen über Napoleon und der Neuaufteilung Europas auf dem Wiener Kongreß 1815 begannen nämlich ganz und gar nicht gemütliche Jahre. In Preußen entstand ein Polizeistaat, der mindestens so gefürchtet war wie das strenge Regime des Fürsten Metternich in Wien. Als Folge davon zogen sich die Menschen zurück und besannen sich auf »Innere Werte«. »Trautes Heim Glück allein« ist ein vielsagender Spruch aus dieser Zeit. Nur sonntags zog man von Musik begleitet hinaus ins Grüne, um der Enge der meist winzigen Wohnungen zu entfliehen. Glücklich schätzten sich all jene, die einen Garten besaßen, der – und war er auch noch so klein – zunehmend an Bedeutung gewann. Die Österreicher hatten dabei mit ihrem Kaiser Franz I. ein ganz besonderes Vorbild. Dieser beim Volk überaus beliebte Monarch, als Herrscher war er eher unbedeutend, widmete sein ganzes Leben den Blumen. Die Wiener nannten ihn den »Blumenkaiser«. Er förderte alles, was mit Garten und Blumen zu tun hatte und gab bereits 1823 die erste Parkanlage für die Öffentlichkeit frei. Bald fanden Adel und Bürgertum Gefallen an Pflanzen und Blumen und legten sich Gärten an. Im Unterschied zu den großen Anlagen früherer Zeit wurden im Biedermeier Lust- und Nutzgarten vereint. Man pflanzte Rosen wieder als Hecken und Lauben und der Stil eines Rosengartens im Biedermeier erinnert ein wenig an die streng formal gegliederten Gärten der Renaissance. Charakteristisch für einen Biedermeier-Garten war seine Blumenvielfalt sowie seine Farbenprächtigkeit, wobei die Rose auch in dieser Zeit eine Sonderstellung einnahm. Sie spielte wieder jene Rolle, die sie bereits in der Antike innehatte und wurde vieldeutiges Symbol, für die Liebe ebenso wie für die Tugendhaftigkeit. Als »Biedermeierröschen« ist sie in die Blumengeschichte eingegangen.

In Preußen waren vor allem die königlichen Rosengärten von Potsdam bemerkenswert. Preußens König Friedrich Wilhelm II. ließ auf seiner geliebten Pfaueninsel einen großen Rosengarten mit über 3000 Hochstammrosen sowie zahlreichen Sträuchern, Centifolien, Chinarosen, Noisette-Rosen und vielen anderen anlegen. Sein Nachfolger, Friedrich Wilhelm III. schuf 1835 bei dem Schlößchen Charlottenhof ebenfalls einen sehr gelungenen Rosengarten, der von der Bevölkerung mit Vergnügen aufgenommen wurde. Romantische Gärten mit Grotten, Brunnen und Bänken an verborgenen Plätzen entsprachen so ganz dem Zeitgeschmack. Und vor allem immer wieder Rosenhecken. Ein solch einzigartiges Beispiel für einen biedermeierlichen Rosengarten war die »Rosenbaum'sche Gartenanlage« in Wien. Bereits 1813 erwarb Joseph

Poetische Verse über Rosen – hier aus dem Stammbuch der Edlen von Seydel – waren im Biedermeier weit verbreitet.

Ein Strauß aus Rosen und Stauden, hier mit Frauenmantel, Glockenblumen, Ziest und Blättern einer Hosta (rechts).

'La Reine'.

Karl Rosenbaum, ehemaliger Lakai des Grafen Esterhazy, ein 2000 m^2 großes Areal, Teil eines Starhemberg-schen Gartens. Unter Mithilfe bekannter Architekten wurde dieses Grundstück zu jenem Paradies gestaltet, das Schauplatz vieler Geselligkeiten wurde. Es war ein bürgerliches Gegenstück zu den kaiserlichen Schloßgärten. Ausgestattet mit zahlreichen Attraktionen zur Volksbelustigung, wie Karussel, Schaukeln, verborgenen Grotten und einem Turm, war dieser Garten Treffpunkt zahlreicher illustrer Gäste. Sänger und Schauspieler, Dichter und Maler gaben sich im Rosenbaum'schen Garten ein Stelldichein. Hauptattraktion war jedoch immer der Garten selbst mit seiner Vielfalt an Pflanzen, unter denen die Rosen den Mittelpunkt bildeten. Man höre und staune – nicht weniger als 40 000 Stück schmückten den Garten. Als Rosenweg einer Allee gleich, oder als Sträucher gemeinsam mit anderen Blumen, auch als Rabatten und Bäumchen wurden Rosen gepflanzt. Sie erfüllten mit ihrem Duft den ganzen Garten und erfreuten die Besucher, wie ein Zeitzeuge glaubhaft beschrieb.

Die Feste im Rosenbaum'schen Garten glichen Theaterinszenierungen, die von rosengeschmückten Mädchen in Begleitung von Amor eröffnet wurden.

Es dauerte nicht lange, bis die Rose auch Einzug in die kleineren Hausgärten des einfacheren Bürgertums hielt. Urgroßmutters Rosenlaube oder Rosenbusch ist vielleicht so manchem Leser noch in Erinnerung. Bürgerliche Rosengärten gab es auch in England, wo sich vor allem Privatleute um deren Pflege bemühten. Eine der umfangreichsten Sammlungen viktorianischer Zeit war jene von George I. Bosanquet Esq. in Broxbournebury, die um die Mitte des vergangenen Jahrhunderts 2000 Rosen, darunter 1000 Herbstrosen beherbergte.

Die Rose im Biedermeier war aber nicht nur im Garten zu finden, sondern spielte eine Rolle in vielen Bereichen künstlerischen Schaffens. In der Malerei wie in der Dichtung huldigte man der Königin der Blumen. Aus den zahlreichen Schöpfungen jener Tage möchte ich hier nur den »Nachsommer« von Adalbert Stifter erwähnen, in dem sehr viel Rosenromantik verborgen ist.

Künstlerische Arbeiten, wenn auch weniger berühmte, bei denen die Rose im Mittelpunkt steht, gibt es im Biedermeier sehr zahlreich. Man verzierte beinahe alle Dinge des täglichen Gebrauchs. Porzellan und Gläser wurden bemalt, Bekleidung und Wäsche mit Röschen bestickt. Ganz besonders typisch für das Biedermeier aber waren die Glückwunschkarten und Stammbuchverse, von denen ich einen besonders netten ausgewählt habe, um dieses Kapitel abzuschließen:

»Wem die Liebe Rosen bringt,
die Freundschaft Kränze flicht.
Der ist den Göttern gleich
und braucht den Himmel nicht«.

»General Kleber« ist ein rosarotes Moosröschen, das ein wenig an eine Alba-Rose erinnert.

Die Symbolik der Rose

Als Lieblingsblume der Menschheit genießt die Rose bei allen Völkern einen besonderen Symbolwert, und die Mythologie ist reich an Geschichten über den angeblich göttlichen Ursprung der Rose. Sie stand von Anbeginn als Sinnbild für die Träume des Menschen. Die Rose ist das Leben, die Geliebte schlechthin. Bei den Griechen war sie Attribut verschiedener Gottheiten, wobei an erster Stelle Aphrodite, die Göttin der Liebe und Schönheit zu nennen wäre.

Auch wenn die Göttin der Liebe in anderen Kulturen einen anderen Namen trug, so blieb sie mit der Rose seit Jahrtausenden untrennbar verbunden. Die Griechen weihten die Rose aber auch noch einer anderen Göttin, nämlich Eos, Sinnbild der Jugend und Morgenröte. Und auch wir modernen Menschen empfinden die Rosenblüte am schönsten, wenn die Tautropfen ihre seidigen Blätter noch erfrischen.

Die drei Grazien, ebenfalls gleichbedeutend für Schönheit und Unschuld, trugen einen Kranz aus Rosenblüten. Der Götterberg Olymp war mit Rosen bewachsen und bei dionysischen Kultfesten schmückte man sich mit Rosen.

Weihten die Griechen die Rose Aphrodite und Dionysos, so widmeten die Römer die Königin der Blume Venus und Bacchus, der Göttin der Liebe und dem Gott der Freude und des Weines. Sie galt als die Blume aller Blumen und bedeutete immer schon Sinnlichkeit und Liebe – die knospenhafte Frische der Jugend ebenso wie die Sinnenlust und Liebe des Weibes. Göttliches und Dämonisches liegen hier eng beisammen. Die Christen sahen deshalb anfangs in den fünf Blütenblättern der Rose den Teufelsfuß. Bald jedoch knüpften auch sie an die alten mystischen Traditionen der Antike an, und die Rose wurde zum Symbol der Jungfräulichkeit und Keuschheit Marias und die fünf Blütenblätter galten als Sinnbild für die fünf Wundmale Christi. Den Mohammedanern gilt die Rose als heilig, weil sie angeblich aus dem Schweiße Mohammeds bei seiner Auffahrt in den Himmel entstand. Die Rose galt immer auch als Blume der Verführung. Im Mittelalter wurde die Mainacht, in der das Frühlingsfest gefeiert wurde, zur Walpurgisnacht und die Germanen erklärten den Rosengarten zum Venusberg.

Ein Symbol ganz anderer Art ist die weiße Rose. Sie ist das Zeichen des Geheimnisses und ebenfalls antiken Ursprungs. Eine Symbolik, die von den Freimaurern ebenso übernommen wurde wie von der katholischen Kirche, wo sie auf so manchem Beichtstuhl noch zu erkennen ist. Begleitet und ergänzt wurde der Glaube an den göttlichen Ursprung dieser Blume immer mit zahlreichen Legenden und manche dieser kuriosen Geschichten geht bis auf paradiesische Zeiten zurück:

»Als Eva aus dem Paradies vertrieben wurde, bat sie um Erlaubnis, eine Blume mitnehmen zu dürfen. Sie wählte eine Rose. Vor Scham errötete der kleine Rosenstrauch und dies ist der Grund, weshalb die Rosen rot wurden«.

Eine Variante zu diesem Thema lautet etwas anders: Demnach wurde die weiße Rose angeblich vor Scham über den Ungehorsam Evas rot. Eine

Aphrodite, die Göttin der Liebe und Schönheit, wurde immer mit der Rose in Verbindung gebracht.

immer wiederkehrende Legende wurde in vielen verschiedenen Abwandlungen erzählt, hat aber immer den selben Kern: Die Rose färbte sich erst durch Götterblut rot:

»Venus versteckte ihren Geliebten Adonis vor dem Grimm des eifersüchtigen Mars in einem Gebüsch. Als sie sich auf die Suche nach ihm an den Dornen eines Rosenstrauches verletzte, färbten sich dessen Blüten rot.«

Christliche Legenden behaupten, daß alle Rosen zuerst rot waren und erst durch die Tränen Maria Magdalenas weiß wurden.

Bei den Griechen existiert jene Geschichte, daß der Göttervater den Blumen eine Königin geben wollte und eine Rose wählte. Die älteste Legende, die vom Geheimnis der Geburt der Rose berichtet, stammt aus dem Griechischen. Als die Liebesgöttin Aphrodite sich aus dem Meer erhob, einer Perle entsprungen, waren die Götter von diesem Schauspiel so begeistert, daß sie den am Körper haftenden Meeresschaum in weiße Rosen verwandelten. Im klassischen Rosenland des mittleren Ostens, in Persien, gibt es natürlich ebenfalls eine Reihe Rosenlegenden. Eine erzählt davon, daß die Blumen sich beklagten, daß ihre damalige Königin, die Lotosblume, nachts schlafe anstatt sie zu bewachen, worauf Allah die Rose zur neuen Königin wählte.

Eine bekannte Legende ist das Rosenwunder der Hlg. Elisabeth von Thüringen. Sie brachte der notleidenden Bevölkerung in einem Hungerwinter – gegen den Wunsch ihres Gemahls – einen mit Brot gefüllten Korb. Gerade als man sie als Diebin überführen wollte, verwandelte er sich in einen Korb voll Rosen.

Abschließend noch eine recht nette kleine Geschichte zum Moosröschen. »Ein Engel, der nachts die Blumen zu bewachen hatte und sie morgens mit dem Tau benetzte, träumte an einem schönen Frühlingstag im Schatten eines Rosenstrauches. Lächelnd erwachte er und sagte zur Rose: ›Ich danke Dir für den Duft und den Schatten, mit dem Du mich umgabst. Wenn Du einen Wunsch hast, werde ich glücklich sein, ihn Dir zu erfüllen‹. ›Schenk mir einen neuen Zauber‹ bat der Strauch. Der Engel schenkte der Rose einen bescheidenen Kranz aus Moos und es verneigte sich vor dem Meister des Ornaments die anmutigste der Rosen, die Moosrose.«

Die Rose in Poesie und Kunst

Die Königin der Blumen war zu allen Zeiten Quelle der Inspiration für die Künstler. Seit Jahrtausenden huldigten Maler, Dichter und Kunsthandwerker der Rose. Aus der Antike sind jedoch außer den Fresken, die man im Palast von Knossos fand, und einigen Wandmalereien aus römischen Katakomben, die rosenbekränzte Frauenköpfe zeigen, kaum bildliche Darstellungen erhalten. Ein viel genaueres Bild antiker Rosen vermittelt uns die Dichtung. In Homers ältester Dichtung, »Ilias und Odyssee« erfahren wir das erste Mal von der Rose. »Rosenfingrig« war die Göttin der Morgenröte bei Homer und »rosenwangig« die »Schöne Helena«. Sappho, die griechische Dichterin, die im 7. Jahrhundert auf der Insel Lesbos lebte, besang die Rose erstmals als »Königin der Blumen«. Auch der für seine Liebes- und Trinklieder bekannte griechische Poet Anakreon widmete eine seiner schönsten Oden der Rose: »Gerne halte ich diese zauberhafte Blume in der Hand, die auch verwelkt den Duft ihrer Jugend nicht verliert.« Dies ist der erste Hinweis auf den Duft der Rosen. Vermutlich war es eine *Rosa gallica,* die auch im getrocknetem Zustand noch duftet.

Eine Aufzählung aller römischen Dichter, die der Rose huldigten würde hier zu weit führen. Erwähnt sei nur Ovid, der mit seinen musikalischen Versen nette Ratschläge erteilt. So rät er einem Verliebten, die Türschwelle mit Rosen zu bestreuen, die vorher sein Haupt bekränzten, um die Gunst seiner Angebeteten zu erwerben.

Nach dem Zusammenbruch des Römischen Reiches wurde es auch in der Dichtung still um die Rose. Erst im Mittelalter wurden künstlerische Arbeiten mit oder über Rosen wieder bekannt. Zuerst waren es die Mönche, die die Rose bei ihrer Buchmalerei als Schmuckelement verwendeten oder wie Walafried Strabo, der Mönch aus Reichenau, einen Hymnus darauf dichteten.

Daß die Rose zu dieser Zeit bereits Sinnbild der weltlichen Liebe geworden war, schildern die zahlreichen Minnelieder, Sagen und Märchen, die aus jener Zeit überliefert sind. Der »Roman de la Rose«, ein Epos mit über eintausend Versen ist die sinnlichste Dichtung des Mittelalters. Mittelpunkt ist eine Rosenknospe mit menschlichen Eigenschaften.

Auch im Nibelungenlied ist viel von Rosen die Rede. Kriemhilds Anger war ein Rosengarten, der von zwölf Recken bewacht wurde. Wer die Ver-

Ein Aquarell des Malers Pierre-Joseph Redouté.

teidiger dieses Rosengartens siegreich bekämpfte, erhielt zur Belohnung einen Kranz aus Rosen und einen Kuß Kriemhilds. Hier ist die Rose ein Sinnbild der Lust und des Todes. Die Sage vom Zwergenkönig Laurin, der seinen geheimnisvollen Schatz in einem Rosengarten verborgen hielt, stammt aus Tirol. Ob aber der »Rosengarten« bei Meran jener Rosengarten Laurins ist, ist ungewiß.

Das bekannteste und populärste Märchen aus dem Mittelalter ist zweifellos »Dornröschen«. Auch hier ist wieder die Verbindung der Rose mit ritterlicher Minne gegeben.

Die Malerei jener Tage dagegen war vor allem religiös geprägt. »Maria in der Rosenlaube«, ein Gemälde Stephan Lochners, das um 1450 entstand, vermittelt noch einen sehr mystischen Eindruck. Schon detaillierter, aber auch noch in der Religion verhaftet, malte Martin Schongauer. In seinem Werk kann man schon deutlich die Rosenblüten erkennen. Sehr schön ist die Arbeit des italienischen Meisters Stefano di Verona, dessen Werk »Madonna im Rosengarten« teils aus Mosaiken, teils aus Goldschmiedearbeit besteht. Die Rosen der mittelalterlichen Kunstwerke sind, mit einer Ausnahme, Alba- und Gallica-Rosen. Zweifellos das berühmteste Rosengemälde, das je gemalt wurde, stammt von Sandro Botticelli. Auf seinem Gemälde »Die Geburt der Venus« erhebt sich die Göttin der Schönheit aus dem Meer und im gleichen Augenblick fallen Rosen vom Himmel zur Erde. Auch in seinem Werk »Frühling« malt Botticelli die Blumengöttin Flora rosenbekleidet. In beiden Werken, die schon zur Renaissance gerechnet werden, ist der Einfluß der Antike deutlich zu spüren.

Wunderbare Zeugnisse über die Rose in der Malerei findet man auch bei den flämischen Meistern. In ihren Gemälden bilden nun die Rosen als Blume das Hauptmotiv. Ab jetzt wird sie nicht mehr als Göttersymbol betrachtet, sondern allein ihrer Schönheit wegen gemalt. Peter Paul Rubens, Jan Breughel und Daniel Seeghers sind die bekanntesten dieser flämischen Meister. In ihren Bildern sind erstmals auch Centifolien zu sehen, die damals so überaus beliebt waren. Auch die Kunsthandwerker fanden Gefallen an den Rosen und sie zierten so manchen Barockschrank, feines Porzellan oder kunstvolle Schmiedearbeiten.

Ein berühmtes Rosengemälde des Mittelalters, 'Maria in der Rosenlaube', von Stephan Lochner, um 1450 entstanden.

Die »botanische« Rosenmalerei entstand erst mit Salomon Pinhas, der die Rosen auf Schloß Weißenstein malte und mit Pierre-Joseph Redouté, jenem Maler, der die Rosensammlung von Malmaison aquarellierte.

Unter den Dichtern der Neuzeit, die der Rose ein Denkmal setzten, sind vor allem Shakespeare zu nennen, der die Rose häufig in seinen Werken zitierte, und einige Jahrhunderte später Goethe, der mit dem »Heideröslein« das wohl schönste Rosengedicht schuf.

Aber auch viele andere große Dichter haben die Rose in einem ihrer Werke verewigt – die Märchendichter Gebrüder Grimm mit der bekanntesten Rosendichtung »Dornröschen«, Hans Christian Andersen sowie die Dichter der Romantik und in unserem Jahrhundert Rainer Maria Rilke.

Die Zahl der künstlerischen Werke ist schier unerschöpflich. Auch große musikalische Kompositionen wurden der Rose gewidmet.

Mozart schrieb eine Rosenarie und Richard Strauß seinen Rosenkavalier. Brahms das bekannte Lied »Gut Abend gut' Nacht, von Rosen bedacht …«. Lieder wie »Es ist ein Ros entsprungen«, »Schenkt man sich Rosen in Tirol« und selbstverständlich »Rosamunde« wurden dieser Blume gewidmet. Die Aufzählung kann beinahe unbegrenzt fortgeführt werden. Das würde jedoch zu weit führen. Kurz erwähnen möchte ich noch die Rolle der Rose in der Heraldik. Dort ist sie nicht wegzudenken und als Wappenrose von Lancaster und York wurde sie in dem sogenannten »Rosenkrieg« zwischen diesen bei den englischen Häusern berühmt. Rosen findet man auch in der Architektur und hier sind vor allem die gotische Kathedrale von Chartres, Notre Dame oder das Straßburger Münster mit ihren lichtdurchflutenden Rosenfenster sehenswerte Beispiele.

Ein typischer Kartengruß aus dem Biedermeier mit Rosenlaube und nettem Spruch von Heinrich Heine.

Kostbarkeiten und Köstlichkeiten

Kostbarkeiten ...

Daß die Rosen Kostbares und Köstliches bereit halten, wußten schon unsere Vorväter. Bereits die Babylonier kannten eine Methode, den Duft von Rosenblättern zu konservieren. Sie tauchten die Blütenblätter in Fett. Dieses diente als Träger der flüchtigen Duftstoffe und es wurde als parfümierte Salbe verwendet. »Enfleurage« wird diese Methode genannt, und ein ähnliches Verfahren wird heute noch zur Fixierung des Duftes in der Parfümindustrie angewandt.

Rosenöl und Rosenwasser waren die bevorzugten Duftspender des Morgenlandes. In Persien und in der Türkei, aber auch in Indien, wo Rosenöl heute noch eine wichtige wirtschaftliche Rolle spielt, gibt es riesige Felder, auf denen Rosen allein für diesen Zweck kultiviert werden.

Der Bedarf an Rosenöl war im Vorderen Orient schon immer sehr groß: Anfangs benutzte man es zur Einbalsamierung, später schätzte man das kostbare Öl als Schönheitsmittel und verwendete es als Massageöl. Hippokrates, griechischer Medicus und Urvater der Medizin, kannte schon die heilende Wirkung von »Oleum rhodium« (Rosenöl). Er verschrieb es bei zahlreichen Krankheiten. Auch der Saft der Blütenblätter diente den Menschen früher als Medizin und man verwendete Rosen als Heilmittel für viele Wehwehchen: Bei Kopfschmerzen und Schlaflosigkeit ebenso wie bei Entzündungen und als fiebersenkendes Mittel. Auch die Araber kannten die adstringierende Wirkung und schätzten vor allem Rosenwasser sehr. Nicht verwunderlich, daß die Römer mit ihrem Hang zum Luxus einen regelrechten Kult entwik-

Ein Arrangement mit Rosen und Rosengelee.

kelten. Sie badeten in Wasser, auf dem Rosenblüten schwammen und pflegten ihren Körper mit getrockneten, pulverisierten Rosenblüten. Dies, so weiß man, hält die Haut frisch und jung. Bei den festlichen Gelagen saßen sie auf Kissen, die mit Rosenblüten gefüllt waren und schmückten ihre Häupter mit Kränzen aus Rosenblüten. Die Ansicht, daß derart verzierte Häupter auch nach reichlichem Genuß von Wein einen klaren Kopf behalten, war im alten Rom weit verbreitet.

Im Mittelalter hatten nur die Klöster Kenntnis von der heilenden Wirkung der Rosen und dementsprechend wurden Rosen auch nur zu religiösen Zeremonien verwendet oder als Medizin verabreicht. Erst mit der Rückkehr der Kreuzfahrer machten sich die Einflüsse des Orients wieder bemerkbar. Bei feinen Tafelgesellschaften pflegte man Kleidung, Möbel und Fußböden mit Rosenwasser zu besprengen und man reichte den Gästen eine Schale mit Rosenwasser zum Waschen der Hände. Eine sehr hübsche und gleichzeitig auch sinnvolle Geste in einer Zeit, als es noch kein Eßbesteck gab.

Die Franzosen, so weiß man, hatten eine besondere Vorliebe für alles, was mit Rosen zusammenhing. In Frankreich entstand eine florierende Industrie, in deren Mittelpunkt die Rose stand. Rosenblüten und zahlreiche andere Produkte wie Rosenwasser, Rosenöl, Rosenessig, Rosenkonfitüre oder kandierte Rosenblüten wurden damals in jeder »Apotheke« verkauft. Rosenblüten wurden aber auch zu Seifen und Parfüms, Potpourris und Duftsäckchen und vielen anderen liebenswürdigen Kleinigkeiten verarbeitet. Ganz besonders in England schätzte man diese hübschen Kostbarkeiten und dort haben sie trotz der Nüchternheit unserer Zeit auch heute noch in jedem Haus einen Platz.

Zur Gewinnung des kostbaren Rosenöls wurden Rosen in klimatisch bevorzugten Gebieten angebaut. In den klassischen Rosenländern Syrien (der Name ist abgeleitet von Suri, was soviel wie Land der Rosen bedeutet) und Persien gibt es riesige Rosenfelder, ebenso wie in der Türkei und in Bengalen, wo zur Zeit der Rosenernte die Menschen aus allen umliegenden Gegenden zusammenkommen, um die Ernte zu feiern. In Europa liegt das Hauptanbaugebiet in Bulgarien, im Tal von Kazanlik. Gewonnen wird diese kostbare Essenz dort aus den Damaszener-Rosen (*Rosa damascena* 'Trigintipetala', auch Rose von Kazanlik genannt). Um 1 kg dieser Essenz zu gewinnen, ist die kaum vorstellbare Menge von drei bis vier Millionen Blüten oder 700 kg nötig. Wen wundert es da, daß Rosenöl früher mit Gold aufgewogen wurde und heute nur tropfenweise verkauft wird. Übrigens wurden früher im Orient aus den Blütenblättern dieser Ölrose die Rosenkranzkugeln hergestellt. Dazu wurden die Blüten zerstampft, bis sie eine weiche Masse bildeten und dann zu Kugeln geformt. Zum Auffädeln wurden diese mit einer Nadel durchstochen und anschließend getrocknet. Rosenfelder, die der Ölgewinnung dienen, gibt es auch in Südfrankreich. Sie versorgen dort vor allem die Parfümfabriken in Grasse.

Die moderne Gewinnung von Rosenessenz unterscheidet sich kaum von der antiken Methode. Die Blütenblätter werden in Kolben gefüllt und mit Wasserdampf destilliert. Dabei werden die ätherischen Öle herausgefiltert. Dieses Rosenöl enthält bis zu 25 verschiedene Duftkomponenten.

Rosensladko ist eine Köstlichkeit aus Rosenblüten. Als ausgefallenes Dessert immer für eine Überraschung gut. Daneben 'Souvenir de la Malmaison'.

Rosen brachten den Menschen aber auch Gaumenfreuden. Man kochte aus ihnen Gelees und Marmelade, stellte Bonbons und Liköre her, kandierte Rosenblätter zur Tortendekoration oder trank Rosenbowle. Einige Rezepte dieser Köstlichkeiten habe ich für Sie zusammengetragen.

Rosenkonfitüre englisch

Frische Blütenblätter von 20 Rosen
1 kg Zucker
1 l Wasser

Saft von 4 Zitronen oder 1 TL Zitronensäure. Den Zucker in ¾ l kochendem Wasser auflösen und ½ Stunde kochen lassen. Das restliche Wasser zum Sieden bringen und auf die Blütenblätter gießen. Zucker und Rosen miteinander vermengen und eine weitere halbe Stunde kochen. Zuletzt den Zitronensaft hinzufügen und nochmals aufkochen lassen. In Gläser füllen.

Rosenmarmelade bulgarisch

250 g Blütenblätter der Damaszener-Rose
500 g Zucker
½ l Wasser
Saft einer Zitrone

Die Blütenblätter mit 250 g Zucker in einem Steinmörser zerstoßen. Den restlichen Zucker im Wasser aufkochen und das Blüten-Zuckergemisch hinzufügen. Wenn die Marmelade die gewünschte Konsistenz hat, den Zitronensaft zugeben und in Gläser füllen.

Rosensladko
Dies ist eine orientalische Spezialität, die man entweder als Schleckerei für sich ißt, oder mit steifem Sauerrahm oder Schlagsahne. Gut schmeckt Rosensladko auch im Tee anstatt Zucker.

1 kg Zucker, 2 Tassen Wasser
200 g Rosenblüten v. Centifolien
Saft von 3 Zitronen oder 1 TL Zitronensäure

Zucker zusammen mit dem Wasser zu Sirup kochen. Die Blütenblätter hinzufügen und weiterkochen. Geleeprobe machen. Zuletzt den Zitronensaft hinzufügen und in Gläser abfüllen. Dunkel aufbewahren.

Kandierte Rosenblüten

20 duftende Rosenblütenblätter
2 Eiklar zu Schnee geschlagen
100 g Puderzucker

Die gewaschenen Blütenblätter mit einem Küchentuch abtrocknen und in den Eischnee tauchen. Anschließend auf einen mit dem Zucker bestreuten Teller legen. Dann die andere Seite mit Zucker bestreuen. Lagenweise auf Seidenpapier geschichtet gut verschlossen aufbewahren.

Eine Schale mit Rosen-Potpourri bringt den Duft des Sommers in Erinnerung.

Das Zuckerröslein *R. gallica* 'Conditorium' eignet sich besonders gut für Schleckereien.

Rosenzucker

100 g Rosenblüten
100 g Zucker, 1 Zitrone

Die Blütenblätter mit Zitrone beträufeln und drei Stunden ziehen lassen. Den Zucker zugeben und die Rosenblätter zu einer Masse zerreiben. In ein Glas füllen und gut verschließen.

Rosenbowle

10 stark duftende Rosenblüten
⅛ l Cognac, 1 l Weißwein

Die Rosenblüten mit dem Cognac übergießen und 1 Stunde zugedeckt ziehen lassen. Mit Wein aufgießen und nochmals ca. 1 Std. ziehen lassen.

Ein wunderbarer Schmuck für die Wohnung sind sogenannte »Potpourris«, Mischungen aus getrockneten Blüten, die mit ätherischen Ölen aromatisiert werden. Die duftenden Blütenblätter der Alten Rosen sind dafür besonders gut geeignet.

Rosenpotpourri

70 g Rosenblütenblätter
25 g Blüten v. römischer Kamille
15 g Heidekrautblüten
25 g Zitronengras
15 g Iriswurzelpulver
10 Tropfen Rosenöl oder Rosengeraniumöl

Alle Zutaten miteinander vermengen und in einer gewachsten Papiertüte gut verschlossen 2 Wochen reifen lassen. Danach ist das Potpourri fertig und kann in eine schöne Schale gefüllt werden. Zur Auffrischung mit einigen Tropfen Rosenöl beträufeln und nochmals gut vermengen.

Variante

Rosen-Rosmarinpotpourri

30 g Rosenblütenblätter
15 g Zimtstangen zerkleinert
15 g Piment gemahlen
20 g Rosmarin zerkleinert
20 ganze Gewürznelken
3 Tropfen Bergamotteöl
Wie »Rosenpotpourri« zubereiten.

Rosenwasser

125 g stark duftende Rosenblüten
½ l destilliertes, lauwarmes Wasser

Die gut gereinigten Blüten mit dem lauwarmen Wasser übergießen und zugedeckt 2 Tage stehen lassen. Durch ein feines Tuch pressen und in eine hübsche Flasche abfüllen.

Rosenessig

6 EL Rosenblütenblätter
¾ l Weinessig

Die Blütenblätter vom Stielansatz befreien und mit dem Essig begießen. Zugedeckt 2 Wochen an einem sonnigen Platz ziehen lassen. Anschließend in eine Flasche filtern, gut verschließen und kühl aufbewahren.

Abschließend zu diesen Rezepten mit Rosenblüten möchte ich noch darauf hinweisen, daß sich natürlich die alten Rosensorten dafür am besten eignen, weil deren Blütenblätter sehr zart sind und daher beim Kochen leicht zerfallen. Bei den modernen Rosen bleiben trotz langer Kochzeit die Blätter ungenießbar. Hinzu kommt der wunderbare Duft, den all diese Gerichte ausströmen. Schließlich noch ein Wort zu dem immer verwendeten Zitronensaft: Duft und Farbe der Rosen sind leicht löslich, jedoch nur in klarem Wasser, nicht in Zuckerlösung. Die Rosenblüten zerfallen in der heißen Flüssigkeit in weiche, etwas unansehnliche Fetzchen; das Wasser verfärbt sich braunviolett. Erst durch das Hinzufügen des Zitronensaftes nimmt die Flüssigkeit wieder die Farbe der Rosen an.

Botanischer
Leitfaden

Für alle, die Lust bekommen haben, sich Alte Rosen in den Garten zu pflanzen, gibt es nun nach all der Geschichte ein bißchen Botanik zum besseren Verständnis und zur leichteren Auswahl.

Die Klassifizierung der Gartenrosen ist ein Thema, das schon zahlreiche namhafte Wissenschaftler beschäftigt hat. Das Ergebnis war immer unterschiedlich. Einig ist man sich in Fachkreisen jedoch darin, daß die Gartenrosen nicht von den europäischen Wildrosen abstammen, sondern daß ihre Heimat in Asien liegt. Von dort aus gelangten sie auf den verschiedensten Wegen nach Europa. An der Entwicklung der Gartenrosen waren vor allem vier Rosenarten beteiligt: *Rosa gallica, Rosa moschata, Rosa phoenicia* und *Rosa canina*. Bis ins 18. Jahrhundert gab es in Europa außer den Wildrosen vor allem verschiedene Sorten der Gallica-Rosen, Damaszener-Rosen, Alba-Rosen oder der Centifolien. Die unterschiedlichen Sorten entstanden bis dahin entweder durch eine Mutation, wie zum Beispiel die Moosrose oder durch eine Zufallskreuzung. Darüber hinaus kannte man noch einige gelbe Rosen und vereinzelt die Moschusrose. Erst um 1750 kamen die Rosen aus China hinzu und durch das Einkreuzen mit ihnen entstanden neue Rosengruppen wie etwa die Portlandrosen, die völlig neue Eigenschaften aufwiesen. Diese chinesischen Rosen blühten an den jungen Trieben während der ganzen Vegetationsperiode. Hinzu kamen bei manchen Sorten noch die kletternde Wuchsform und neue Farben.

Bis zur Einführung dieser Rosen aus dem Fernen Osten blühten die Gartenrosen nur einmal, da sie ihre Knospen jeweils an den Vorjahrstrieben ansetzen. Sie bilden in der Regel große Sträucher, die je nach Art bis zu 2,5 m hoch, manchmal auch überhängend wachsen, robust sind und Ausläufer bilden wie die Gallica-Rosen. Allen gemeinsam ist ihr hervorragender Duft und die mehr oder minder stark ausgeprägte drüsige Behaarung der Blätter und des Blütenkelches, wodurch die ätherischen Öle der Blattoberfläche festgehalten werden. Erst bei Berührung mit der Haut werden diese Duftstoffe frei – eine angenehme Eigenschaft, die man beim Schneiden eines Strauches wahrnimmt. Die Triebe der Alten Gartenrosen sind mit zahlreichen Stacheln unterschiedlichster Art besetzt oder sie sind kaum vorhanden wie bei den Alba-Rosen. Das Laub variiert je nach Art in verschiedenen Grüntönen sowie in der Struktur ihrer Blätter. Sie können rauh und derb oder glatt und dünn sein. Die Blüten der Alten Rosen sind in der Regel rund und, voll erblüht, meist flach und sehr dicht gefüllt; die äußeren Blütenblätter sind oft zurückgerollt. Die dicht aneinander geschmiegten Blütenblätter sind manchmal wuschelig, ein anderes Mal wie in Hunderte kleine Fältchen oder Rüschen gelegt.

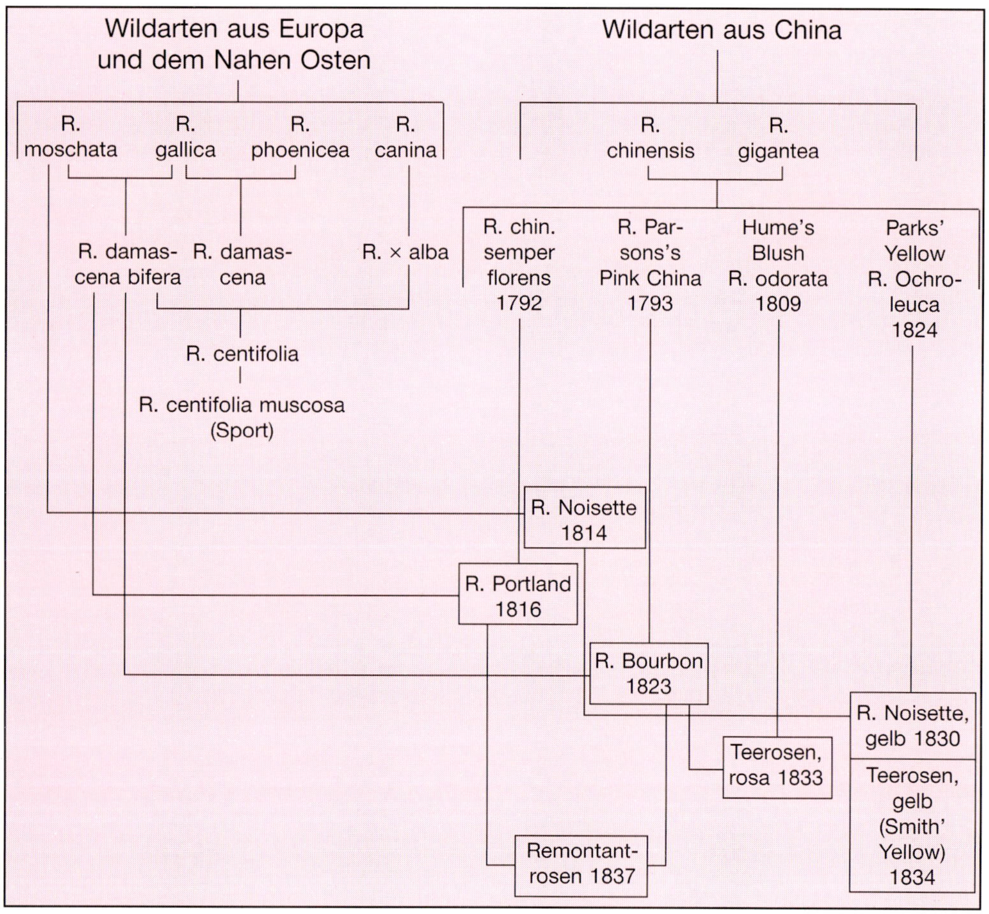

Centifolie 'Fantin Latour'.

Häufig sind die Blütenblätter quirlartig im Fünfstern angeordnet mit grünem Zentrum, das als Knopfauge bezeichnet wird. Im Gegensatz dazu zeigen die halbgefüllten, kugeligen oder schalenförmigen Blüten ihre gelben Staubgefäße, was einen zusätzlichen Schmuck darstellt. Außergewöhnlich dicht gefüllt sind die Blüten der Centifolien, deren innere Blütenblätter kleiner sind, wodurch der Eindruck entsteht, sie würden von den Äußeren »umarmt« werden.

Die Farben dieser Alten Gartenrosen umfassen ein breites Spektrum, Rosa und Pinktöne in allen Nuancen sowie zartes Rosé und Karmesinrot bei den Damaszener-Rosen und den Centifolien. Samtiges Weinrot und raffinierte Purpurtöne in allen Schattierungen zeigen vor allem die Gallica-Rosen, während die Alba-Rosen sich in nobles Weiß hüllen, das gelegentlich, je nach Sorte, zart nuanciert sein kann. Ergänzt wird diese Farbpalette durch die Pfirsich- und Aprikosentöne der Tee- und Noisette-Rosen und dem Rot der Portland-Rosen.

Eine besondere Eigenschaft der »Alten Rosen«, in der sie sich deutlich von den modernen Rosen unterscheiden, ist ihr Duft. Jede Art und Sorte hat dabei ihre ganz persönliche Note. Die Alba-Rosen duften zart und frisch im Gegensatz zu dem intensiv würzigen Duft der Damaszener-Rosen oder der Gallica-Rosen und Centifolien. So wird das Erscheinungsbild einer jeden Rose durch den Duft auf vollendete Weise ergänzt.

'Great Western' mit ausgeprägtem Knopfauge.

Ganz kurz möchte ich Ihnen aber zuerst noch zwei Fachbegriffe vorstellen, die allen Rosenliebhabern- und -gärtnern geläufig sind: Sports nennt man Mutationen, die spontan bei der Teilung einer Zelle auftreten und dazu führen, daß eine Rose neue Eigenschaften hat und somit eine neue Sorte entstanden ist.

Als geviertelt bezeichnet man eine besondere Form der Blüte, die ausschließlich bei den Alten Rosen auftritt. Dabei sind die Blütenblätter, die sogenannten Petalen, so zahlreich und stehen so dicht, daß sie sich zu vier gut zu erkennenden Vierteln gruppieren.

Beschreibung der Arten und Sorten

GALLICA-ROSEN

ROSA GALLICA

Dies ist die Stammutter der roten Gartenrosen und damit eine der wichtigsten Alten Rosen. Immer wieder verwendete man sie für Einkreuzungen und dadurch ist sie an zahlreichen alten Gartensorten beteiligt. Ihre besonderen Charaktereigenschaften wie den hervorragenden Duft und ihr gesundes Wachstum hat sie all ihren Abkömmlingen vererbt. Gallica-Rosen sind ausläuferbildende, robuste Sträucher, die bis 1,50 m hoch wachsen. An ihren Trieben, die dicht mit drüsigen Stachelborsten und wenigen ungleichen Stacheln besetzt sind, erkennt man sie leicht. Die Blätter sind derb, eiförmig, an der Spitze etwas gerundet, doppelt fein gezähnt, gelblich dunkelgrün und an der Unterseite drüsig behaart. Die Knospen sind rund und haben einen gefiederten Blütenkelch, der nach dem Verblühen abfällt. Bei der Stammutter sind die Blüten wildrosenähnlich und von klarer rosaroter Farbe, die zur Blütenmitte etwas verblaßt. Die Blüte ist einfach mit deutlich sichtbaren gelben Staubgefäßen. Gallica-Rosen tragen ihre Blüten einzeln oder zu 2–3 an kurzen aufrechten Stielen oberhalb des Laubes. Die Hagebutten sind kugelig mit feinen drüsigen Härchen besetzt. Der Duft dieser Rose ist im Gegensatz zu den dicht gefüllten Kulturformen eher schwach. Das Farbspiel der Gallica-Rosen reicht von blaßrosa bis zu dunkelpurpurrot und es gibt eine reizvolle Sorte mit rosa-weiß gestreiften Blüten. Alle Gallica-Rosen sind sehr gesund und winterhart und geben sich mit jedem Boden zufrieden, sofern der Standort nicht zu heiß ist.

Rosa Mundi, ein Sport von *Rosa gallica* var. *officinalis*.

Rosa gallica var. ***officinalis*** – Apothekerrose: Ihr Name deutet es schon an: Sie ist jene Rose, deren spezielle Eigenschaft, den Duft ihrer Blüten auch nach dem Trocknen beizubehalten, schon vor Jahrtausenden geschätzt und von den »Apothekern« des Mittelalters genutzt wurde. Sie ist die älteste der kultivierten Gartenrosen. Ihre Blüten sind halbgefüllt und matt karminrot; sie ist von mäßig hohem Wuchs bis maximal 150 cm. Von dieser Rose entstand eine spontane Mutation (Sport), nämlich **Rosa**

Rosa gallica var. *officinalis*, die Apothekerrose.

gallica 'Versicolor' auch »Rosa Mundi« oder *Rosa gallica* 'Variegata' genannt. Sie ist eine der beliebtesten Alten Gartenrosen und mit ihren dunkelrosa-weiß gestreiften Blütenblättern eine der ausgefallensten. Von »Rosa Mundi« gibt es eine nette Geschichte. Eine Überlieferung berichtet, daß ein heimkehrender Kreuzfahrer diese Rose der schönen Rosamunde – Geliebte des englischen Königs Heinrich II. – präsentierte, nicht ohne die Rose vorher nach dieser schönen Frau benannt zu haben. Ihre hübschen seidigen Blätter machten diese Rose auch zu einer Favoritin der Kaiserin Josephine.

GALLICA-ZÜCHTUNGEN

'Aimable Rouge': Auch diese kleinwüchsige Gallica-Rose wurde in der Sammlung von Schloß Wilhelmshöhe entdeckt. Ihre Herkunft ist unbekannt, vermutlich ist sie im 18. Jahrhundert entstanden. Sie ist eine kleine bis mittelgroße Pflanze mit einer dichten Blütenkrone gefüllter, sehr ebenmäßiger, rosenroter Blüten, die sehr stark duften. Höhe bis 80 cm.

'Assemblage de Beautés': Dies ist eine der zauberhaften Gallica-Rosen aus Malmaison: eine wunderbar »altmodische« Rose mit dicht gerüschten Blütenblättern in kräftigem Kirschrot, das sich im Verblühen zu Purpur hin verändert, was ihr eine zusätzliche Attraktivität verleiht. Höhe bis 150 cm.

'Belle de Crecy': Diese Gallica-Rose verdankt ihren Namen dem ersten Schloß der Madame Pompadour. 1848 ist sie entstanden und vielleicht hat der französische Züchter sie wegen ihrer üppigen Blüte, die so sehr an das Barock erinnert, so genannt. Ihre kirschroten, dicht gefüllten Blüten verändern sich durch Sonneneinstrahlung zu Hellviolett bis Purpur und verströmen einen süßen Duft. Sie blüht sehr reich und ihre zarten, stark überhängenden Zweige schätzen deshalb während der Blütezeit eine Stütze. Höhe bis 150 cm.

'Cardinal de Richelieu': Dies ist eine der berühmtesten Rosensorten. Sie bildet wunderbare Sträucher, die dicht übersät sind mit samtig purpurvioletten Blüten. Anfangs ist die Blume ballförmig, voll erblüht wird sie flach und ihre Blütenblätter drehen sich nach außen und zeigen schieferfarbene Reflexe. 'Cardinal de Richelieu' trägt dunkelgrünes Laub, ist wenig bestachelt und wird circa 150 cm hoch. Nur leichter Duft. Eine wunderschöne Rose.

'Charles de Mills' syn. **'Bizarre Triomphant':** Eine sehr beliebte Gallica-Rose, über deren Namensherkunft man nur Vermutungen hat. Ihre dicht gefüllten, flachen Blüten entfalten sich aus kugeligen Knospen und sind karminrot mit purpurnen Schattierungen. Der Wuchs ist aufrecht, leicht überhängend, die Blätter graugrün. Eine Rose, die gut duftet.

'Conditorium' – Zuckerröslein: Den Beinamen »Zuckerröslein« verdankt diese Gallica-Rose ihren sehr stark duftenden Blüten, die man im 18. Jahrhundert noch häufiger als die Apothekerrose zur Herstellung süßer Delikatessen verwendete. Sie ist zwar erst spät eingeführt worden, zählt

'Duc de Guiche' ist eine sehr alte Rose mit kräftigen Zweigen und großen Blüten in Magentarot. Eine perfekte Gallica-Rose.

'Cardinal de Richelieu', eine berühmte alte Gallica-Rose.

aber zweifellos zu den ältesten Kulturformen der Gallica-Rosen. Ihre halbgefüllten Blüten sind etwas dunkler und purpurner als die der Apothekerrose. Die Pflanze wird circa 100 cm hoch.

'Duc de Guiche': Eine perfekte Erscheinung unter den Alten Rosen, vergleichbar mit so vollkommenen Rosen wie 'Mme. Hardy'. 1835 erschien diese Rose erstmals. Ihre stark duftenden Blüten sind karminrot. Sie verfärben sich bei Hitze in violettes Purpur. Die dicken Knospen öffnen sich zu dicht gefüllten schalenförmigen Blüten, deren Blätter sich wie Rüschen zurückrollen und das grüne Auge im Zentrum oft verdecken. Reich blühend, Höhe bis 150 cm.

'Perle von Weißenstein': Sie ist die erste deutsche Gartenrose. 1773 vom Hofgärtner Daniel August Schwartzkopf in Wilhelmshöhe gezüchtet, galt sie 150 Jahre als verschollen und wurde erst 1978 im Park von Schloß Wilhelmshöhe wiedergefunden. Anhand der Rosenbilder des Hofmalers Salomon Pinhas konnte man sie einwandfrei identifizieren. 'Perle von Weißenstein' blüht rosenrot mit purpurner Mitte. Ihre Blüten sind sehr dicht gefüllt, aber leider regenempfindlich. Sie wächst zu einem Strauch bis 200 cm Höhe.

'Président de Sèze': Eine markante Gallica-Rose. Sie zeigt ein wunderbares Farbspiel: Das dunkle Karmesinrot in der Mitte geht zum Rand hin sanft in blasses Lilarosa über. Selbst in voll erblühtem Zustand behalten die dicht gefüllten Blüten ihre extravagante Farbe. Die Blütenblätter sind rüschenartig gewellt, sehr dicht gefüllt und im Vierstern angeordnet.

Gut duftend. Kräftiger überhängender Wuchs mit stacheligen Zweigen. Höhe 150 cm. Eine der schönsten Gallica-Rosen.

'Tuscany': Auch 'Tuscany' zählt zu den ältesten unter den Gartenrosen und diese »Sammetrose«, wie sie einmal in einem alten Gartenbuch genannt wurde, ist zugleich eine der besten Gartenrosen. Ihre Herkunft ist unbekannt. Das erste Mal wurde sie 1596 in einem englischen Kräuterbuch erwähnt. Ob ihr Name etwas mit der Toscana zu tun hat, blieb bisher unerforscht. Ihre Blüten sind samtig, dunkelrot mit goldgelben Staubfäden, halbgefüllt und sehr attraktiv. Tuscany duftet nur schwach. Höhe bis 150 cm.

DAMASZENER-ROSEN
ROSA × DAMASCENA

Der Name deutet schon an, daß diese Rosen aus dem Nahen Osten stammen. Es ist anzunehmen, daß sie ihren Namen der Stadt Damaskus verdanken. Ihre genaue Herkunft ist allerdings bis heute nicht gefunden worden. In der Nomenklatur der Rosen gelten Damaszener-Rosen als sehr alt. Wegen ihres unterschiedlichen Aussehens sind die Rosenforscher über die Abstammung dieser Rosen sehr geteilter Meinung. Vermutlich sind sie Naturhybriden. Man unterscheidet zwei Gruppen von Damaszener-Rosen, die grundlegend verschieden voneinander sind. Beide haben zwar als einen Elternteil eine *Rosa gallica,* aber der andere Elternteil ist einmal eine Wildrose (*Rosa phoenica*) und das andere Mal eine Moschusrose (*Rosa moschata*). Entspre-

'Président de Sèze' ist extravagant. Ihre karmin-purpurnen Blüten sind zum Rand hin aufhellend.

'York und Lancaster' ist eine zweifarbige Damaszener-Rose, die gelegentlich auch nur in Rosa oder Weiß erblüht.

chend verschieden sind die Eigenschaften und man unterscheidet zwei Gruppen: Die einmalblühenden Damaszener-Rosen, die im Sommer blühen (*Rosa gallica × Rosa phoenica*) und die zweimalblühenden Damaszener-Rosen, die im Herbst noch einmal blühen. Man nennt sie auch *Rosa damascena bifera*. (*Rosa gallica × Rosa moschata*)

Da sich kaum eine der Rosen als typisch bezeichnen läßt, kann die allgemeine Beschreibung nur eine kurze Zusammenfassung sein. Eine nähere Erläuterung ist dann bei der jeweiligen Sorte zu finden. Damaszener-Rosen bilden kräftige Sträucher mit offenem, ungezwungenem Wuchs, und erreichen eine Höhe bis zu 250 cm. Ihre Zweige sind bogig überhängend, fein, und mit kräftigen gekrümmten Stacheln besetzt. Die Blätter sind eiförmig, einfach gesägt, graugrün, glatt an der Oberfläche sowie samtig und drüsig behaart an der Unterseite. Die meist dichtgefüllten Blüten erscheinen einzeln oder zu drei bis vier in zarten Rosa- und Weißtönen. Ihre Blütenblätter sind beinahe transparent und glänzen seidig. Sie sind oben etwas abgerundet und umgeben von gefiederten Kelchblättern. Die Früchte sind klein oval und bis 2,5 cm lang. Damaszener-Rosen zeichnen sich durch einen hervorragenden Duft aus, der bei den herbstblühenden Sorten ganz besonders ausgeprägt ist. Aus einer dieser Damaszener-Rosen gewinnt man seit Jahrtausenden das begehrte Rosenöl. Diese Sorte trägt heute noch den Beinamen »Ölrose«.

Damaszener-Rosen sind etwas weniger robust als Gallica-Rosen.

Sommerblühende Damaszener-Rosen (einmalblühend)

'Ispahan': Eine Rose, die schon vor 1832 in Kultur war und sich durch eine sehr lange und üppige Blüte auszeichnet. Aus nickenden Knospen öffnen sich stark gefüllte rosa Blüten, die zur Mitte hin dunkelrosa sind und in blasses Rosarot überlaufen. Ispahan duftet süß und stark, sie wächst breit, überhängend. Ihr Laub ist klein und glänzend. Höhe bis 150 cm.

'La Ville de Bruxelles': Eine Besonderheit dieser Rose sind ihre sehr großen, wohlgeformten Blüten, die zu den größten unter den Alten Gartenrosen zählen. Voll erblüht rollen sich die äußeren Blütenblätter zurück, wobei sich die kleineren rüschenartig um das Zentrum quirlen. Guter Duft. Hellgrünes großes Laub und breiter aufrechter Wuchs. Höhe bis 150 cm.

'Léda': Eine sehr alte Damascener-Rose und ähnlich wie 'Isphahan' schon vor 1827 in Kultur. Aus bräunlich karmesinroten Knospen entspringen große, rahmweiße, flache, sehr dicht gefüllte Blüten mit starkem Duft. Voll erblüht sind die äußeren Blütenblätter karmesin umrandet.

'Ispahan' ist eine der schönsten Damaszener-Rosen mit langer Blütezeit.

'Léda' ist dicht belaubt, ihre Blätter sind tiefgrün und groß. Eine Rose von mäßigem Wuchs, Höhe bis 150 cm.

'Marie Louise': Geboren ist diese Rose in Malmaison und sie ist eine der prächtigsten unter den Damaszener-Rosen. Sie bildet lockere Büsche, deren Zweige sich unter der Blütenfülle beugen. Die tiefrosafarbenen, dicht gefüllten Blüten sind ganz besonders schön, wenn sie voll erblüht sind und als Kontrast das grüne Knopfauge sichtbar wird. Eine stark duftende Rose mit einer Höhe von 130 cm.

'Mme. Hardy': Sie ist eine der schönsten weißen Alten Gartenrosen und nur wenige können mit ihr konkurrieren. Wahrscheinlich aber ist sie keine reine Damaszener-Rose, sondern trägt zum Teil die Eigenschaften einer Centifolie in sich. Aus edel geformten Knospen öffnen sich ebenso perfekte, weiße, dichtgefüllte Blüten, die anfangs rosa überhaucht sind, im vollerblühtem Zustand dann reinweiß mit einem grünen Punkt in der Mitte. Die Blüten erscheinen in großen Büscheln und duften stark. 'Mme. Hardy' hat hellgrünes Laub und einen aufrechten Wuchs. Höhe 180 cm.

'Blush Damask' ist eine rosarote Schönheit mit überhängenden Zweigen in üppiger Fülle.

'Trigintipetala': Rose von Kazanlik, Ölrose: Wegen ihres starken, süßen Duftes wird diese Rose noch heute in Bulgarien im Tal von Kazanlik angepflanzt. Sie kam im 17. Jahrhundert von der Türkei nach Bulgarien und verbreitete sich in Mitteleuropa gegen Ende des vergangenen Jahrhunderts.

Diese Damaszener-Rose besitzt zartgrüne Blätter und mittelgroße, halbgefüllte, seidige hellrosa Blüten. Eine kräftige Pflanze mit überhängendem Wuchs, der man Platz zum Vermildern geben sollte. Höhe 200–300 cm. Mittlere Frosthärte.
'Versicolor': Eine Rose, die bereits Plinius kannte und die er als »Rosa praenestrina variegata plena« bezeichnete. 1551 erhielt diese Damaszener-Rose wegen ihrer zweifarbigen Blüten den Beinamen »York und Lancaster Rose« als Erinnerung an die Rosenkriege zwischen den Häusern York und Lancaster, die eine weiße beziehungsweise eine rote Rose im Wappen trugen. Sie ist eine Rose mit dornigen grünen Zweigen und graugrünem Laub, stark überhängend. Die Blüten sind unregelmäßig rosa gefleckt, manchmal auch ganz rosa oder völlig weiß. Sie erscheinen an langstieligen Büscheln in großer Fülle, sind mittelgroß, halbgefüllt und duften stark. Höhe bis 200 cm. Nicht zu verwechseln mit *Rosa gallica* »Rosa Mundi«.

Herbstblühende Damaszener-Rosen (zweimalblühend)

'Quatre Saisons': Sie ist die berühmte Rose von Paestum, die von den Römern kultiviert wurde. Vermutlich entstand sie im Nahen Osten als Hybride zwischen einer *Rosa gallica* und einer *Rosa moschata.* Sie bildet große aufrechte Sträucher mit gelblich-graugrünem Laub und sehr charakteristischen, gut gefüllten, manchmal geviertelten Blüten in klarem Rosa. Diese Blüten erscheinen, umrahmt von langen eleganten Kelchblättern im Juni und bei guter Pflege nochmals im Herbst. Starker typischer Damaszener Duft. Höhe bis 150 cm.

'Rose des Quatre Saisons Blanc Mousseux': – Die Rose ist eine Mutation der *Rosa damascena* 'Quatre Saisons'. Sie ist eine weiße bemooste Rose, mit gefüllten, sehr stark duftenden Blüten. Sie besitzt stachelige Triebe und – eine Besonderheit – die Blattstiele und Blätter sind an der Ober- und Unterseite dicht mit drüsigen Borsten überzogen. Blütezeit Juni und Oktober. Höhe bis 150 cm.

'Rose de Resht': Offiziell gilt als Einführungsdatum für diese mehrmals blühende Damaszener-Rose das Jahr 1950. Mrs. Nancy Lindsay, eine englische Rosensammlerin, fand sie in der Nähe der persischen Stadt Resht. Frau Gerda Nissen, eine Rosensammlerin und Entdeckerin zahlreicher »Alter Rosen« fand jedoch in Norddeutschland einige Exemplare, die schon lange vor der »Neueinführung« in alten Gärten ein kaum beachtetes Leben fristeten.

'Rose de Resht' ist eine Rose mit aufrechtem Wuchs und nicht sehr großen kirsch-purpurroten Blüten, die pomponartig dicht gefüllt sind und einen starken typischen herbsüßen Damaszener-Duft ausströmen. Nach Frau Nissen ist sie die einzige dauerblühende Damaszener-Rose und man vermutet, daß sie mit der schon in der Antike bekannten »Vierjahreszeiten Rose« identisch ist. Höhe bis 120 cm.

Eine besondere Damaszener-Rose ist die fuchsienrote 'Rose de Resht'. Hübsch auch für kleine Gärten.

ROSA SANCTA (ROSA × RICHARDII)

Heilige Rose, Mumienkranz-Rose

Sie ist eine Rose, die geheimnisumwittert ist. Gefunden wurde sie in Abessinien (heute Äthiopien) im Hof eines christlichen Klosters. Man nimmt an, daß sie mit dem heiligen Frumentius von Phoenizien nach Äthiopien gelangte. Er geriet auf einer seiner Missionsreisen in Gefangenschaft und wurde dorthin verschleppt. Frumentius wurde später zum Bischof ernannt und christianisierte das Land. Die Rose wurde vorwiegend in der Nähe von Kirchen und Gräbern gepflanzt, weshalb sie den Beinamen »Sancta« erhielt.

1848 wurde diese Rose erstmals von dem englischen Pflanzenforscher Richard beschrieben. Vermutlich han-

delt es sich um eine Naturhybride zwischen einer *Rosa gallica* und einer *Rosa phoenicia,* die im Nahen Osten entstand. Sie wächst als niedriger Busch bis ca. 70 cm. Ihre Triebe sind überhängend, sehr stachelig, das Laub nur 3–5blättrig, elliptisch, oben runzelig, unterseits leicht behaart. Die Blüten sind hellrosa, einfach, 5–7 cm groß und erscheinen in Doldenrispen. Eine sehr reich blühende Rose.

Rosa sancta soll auch jene Rose sein, die in den ägyptischen Gräbern gefunden wurde und mit deren Kränzen die Mumien geschmückt wurden. Sie trägt deshalb auch den Beinamen Mumienkranz-Rose.

Das Alba-Röschen 'Great Maidens's Blush' hat besonders feine zartrosarote Blüte.

ALBA-ROSEN
ROSA × ALBA

Alba-Rosen sind weiße Rosen. Es gibt sie schon seit frühester Zeit und sie waren in allen europäischen Kulturen bekannt. Enstanden sind sie wahrscheinlich wie fast alle Alten Rosen im Mittelmeerraum. Von dort gelangten sie durch die Römer nach Mitteleuropa und wurden hier heimisch. Albertus Magnus berichtet von gefüllten weißen Rosen mit 30 Blättern, und die Maler des Mittelalters und der Renaissance hatten ein Faible für diese zarten Geschöpfe. Immer wieder findet man auf ihren Gemälden eine *Rosa × alba* 'Semiplena' oder eine 'Great Maiden's Blush'. Was für die Franzosen die *Rosa gallica* war, bedeutete die Alba-Rose für die Engländer. Als Wappenrose des Hauses York (»Weiße Rose von York«) ging sie in die Geschichte ein. Das Gegenstück dazu war die rote Rose des Hauses Lancaster, eine *Rosa gallica.*

Alba-Rosen entstanden vermutlich aus der in Kurdistan beheimateten dornenlosen, weißen *Rosa canina* var. *froebilii* und einer *Rosa × damascena.* Da im südlichen Kaukasus und auf der Halbinsel Krim Alba-Rosen wild vorkommen, vermutet man, daß es sich auch bei diesen »Alten« Gartenrosen um Naturhybriden handelt. Durch das Erbteil der *Rosa canina* unterscheiden sich diese Rosen deutlich von den übrigen. Es sind gesunde kräftige Pflanzen, die sich besonders durch ihre Widerstandsfähigkeit gegen Frost auszeichnen. Selbst im kühlen Norden bilden sie noch wunderbare dichte, hohe, aufrechte, manchmal auch überhängende Sträucher.

Ihre Zweige tragen wenige, sichelförmige Stacheln und elliptische, doppelt gesägte Blätter, bläulich grün an der Oberseite, etwas weniger intensiv gefärbt und leicht behaart an der Unterseite. Die weißen oder zartrosa gefärbten Blütenbüschel erscheinen in großer Fülle. Umgeben von schön gefiederten Kelchblättern öffnen sich die Knospen zu flachen, häufig sehr dicht gefüllten, herrlich duftenden Blüten. Die Früchte der Alba-Rosen sind kahl, circa 2,5 cm lang und erscheinen an langen Stielen. Alba-Rosen blühen bereits recht früh im Jahr und ihre Blütezeit dauert lange. Es sind elegante, leicht zu kultivierende Rosen.

***Rosa × alba* 'Maxima':** Mit ihren gefüllten weißen Blüten, die in großer Fülle den hohen Strauch schmükken sind diese Rosenbäume – wie die Römer sie nannten – beeindruckend. Sie ist eine der schönsten alten weißen Gartenrosen und deshalb eng mit dem Kulturleben in Europa verbunden. Ihre Blüten sind rahmweiß, anfangs gelegentlich mit etwas Rosa, gut gefüllt und flach. Sie verströmen einen leichten herben Duft. Die Knospen werden von langen Kelchblättern geschmückt. Graugrünes Laub, kräftiger lockerer Wuchs bis 250 cm. Züchtungen aus *Rosa × alba.*

***Rosa × alba* 'Semiplena':** Bei dieser sehr alten Rose kann man die Herkunft von der *Rosa canina* (Hundsrose) noch ganz deutlich erkennen. Ihr Wuchs ist aufrecht, stark, und ihre reinweißen, halbgefüllten Blüten mit zahlreichen gelben Staubgefäßen zeigen noch die Klarheit ihres Ursprungs. Sie war schon den

Die Alba-Rose 'Félicité Parmentier' darf sich zu den schönsten zählen.

Römern bekannt und damals wegen ihres Duftes sehr geschätzt. Aus dem gleichen Grund wird sie heute noch, neben der Damaszener-Rose, im Tal von Kazanlik zur Gewinnung von Rosenöl kultiviert.

'Semiplena' ist eine strenge »Schöne«, ihr makelloses Weiß ist durch nichts zu übertreffen. Elegant und hochgewachsen sind ihre Sträucher, die zur Zierde eines jeden Gartens gereichen. Im Herbst trägt sie zahlreiche rote Früchte. Höhe bis 250 cm.

'Blush Hip': Sie ist eine rosafarbene Alba-Rose, die seit 1840 bekannt ist. Ihre stark gesägten Blätter deuten darauf hin, daß bei ihrer Entstehung eine Centifolie mitgemischt hat. Aber dies ist lediglich eine Vermutung. Auf jeden Fall ist sie mit ihrem starken, kletternden Wuchs – sie erreicht eine Höhe von 300 cm – eine außergewöhnliche Alba-Rose. Ihre kirschroten Knospen öffnen sich zu schön geformten, dicht gefüllten, zartlila Blüten, die zur Mitte hin etwas dunkler schattiert sind. 'Blush Hip' blüht früh und duftet gut.

'Céleste': Redouté hat diese Rose zu den Damaszener-Rosen gezählt und sie unter dem Namen *Rosa × damascena* 'Aurora' für die Nachwelt festgehalten. Sie ist jedoch botanisch gesehen eine richtige Alba-Rose. Ihr aufrechter Wuchs und das graugrüne Laub sind typisch dafür. Céleste trägt transparente, rosafarbene nur leicht gefüllte Blüten, die ebenso zauberhaft aussehen wie die schlanken Knospen dieser Rosenschönheit. Ihr süßer, frischer Duft bildet eine wunderbare Ergänzung. Im Herbst schmückt 'Céleste' sich mit roten Hagebutten. Wuchshöhe bis 200 cm.

'Félicité Parmentier': Nur wenige Rosen können es an Schönheit mit ihr aufnehmen. Daß sie nicht ganz so hoch wächst wie die anderen Alba-Rosen tut ihrer Makellosigkeit keinen Abbruch. Wahrscheinlich war bei ihrer Entstehung eine Damaszener-Rose mit im Spiel. Ihr gelbgrünes Laub und die überaus dicht gefüllten Blüten, die sich ballförmig öffnen, erinnern an Rosen aus dem Orient. 'Félicité Parmentier' blüht in zartem, warmen Rosa, das sich zu Weiß aufhellt. Voll erblüht sind die äußeren Blütenblätter zurückgerollt. Eine wunderbare Rose mit starkem, leicht zitronenartigem Duft. Kräftiger Wuchs und üppiges Blattwerk, Höhe bis 200 cm.

'Great Maiden's Blush' – 'Cuisse de Nymphe', *Rosa × alba* 'Regalis': Diese zahlreichen Namen erhielt diese überaus beliebte und zauberhafte Alba-Rose, die seit dem 15. Jahrhundert bekannt ist und die viele Künstler in ihren Werken »verewigten«. Die

'Celeste' ist eine sanfte »himmlische« Rose mit zartrosafarbenen, halbgefüllten Blüten.

Eine richtig rosarote Alba-Rose ist 'Königin von Dänomark'.

'Mme. Plantier', eine üppig blühende Alba-Rose mit überhängendem Wuchs.

Pflanze bildet wunderschöne hohe Sträucher, deren überhängende Zweige jedes Jahr eine üppige Blütenfülle tragen. Die Farbe der Knospen ist rosig überhaucht. Die geöffnete Blüte zeigt sich in blaßem gelblichem Rosa, ihre rosige Mitte bleibt jedoch immer erhalten. Die Blütenbüschel duften nach Wildrosen. Kräftige Triebe mit kleinen, spitzen Stacheln und kleinem, dunkelgrünem Laub. Höhe bis 200 cm.

'Königin von Dänemark': Eine Alba-Rose mit einer sehr perfekt geformten Blüte, vergleichbar mit der Damaszener-Rose 'Mme. Hardy'. Die Blume ist geviertelt mit gut sichtbarem grünem Auge in der Mitte. Die Blütenfarbe der Knospe ist ein lebhaftes Rosa, das sich bei geöffneter Blüte in Zartrosa aufhellt. Eine stark duftende Rose mit elegantem, schön geformtem Laub. Entstanden ist sie vermutlich ebenfalls aus einer Kreuzung mit einer Damaszener-Rose. Sie wächst kräftig und aufrecht, bis 150 cm.

'Mme. Plantier': Diese weiße Alba-Rose ist vermutlich aus einer Kreuzung mit einer Moschusrose entstanden. 'Mme. Plantier' ist eine starkwüchsige Rose mit beinahe stachellosen überhängenden Zweigen. Zur Blütezeit wird das kleine, olivgrüne Laub von der Fülle der Blütenbüschel beinahe verdeckt. Die mittelgroßen, dicht gefüllten Blüten öffnen sich aus zartrosa getönten Knospen, die von gefiederten Kelchblättern umgeben sind. Ihre Blütenfarbe ist zuerst rahmweiß, später reinweiß mit grüner Mitte. Sehr gut, leicht herbsüß duftend. 'Mme. Plantier' kann mit einer Kletterhilfe bis zu vier Meter Höhe gezogen werden.

ZENTIFOLIEN
ROSA CENTIFOLIA

Hundertblättrige Rose

Dies ist die vierte große Gruppe der Alten Gartenrosen. Auch sie geht auf frühe Tage zurück. Lange Zeit glaubte man, daß jene dicht gefüllten Rosen der Griechen und Römer »Zentifolien« seien. Zahlreichen Gelehrten früherer Tage hat diese schöne Unbekannte schon Rätsel aufgegeben und entsprechend vielfältig war die Namensgebung. Den heute gültigen Namen *Rosa centifolia* erhielt sie von dem schwedischen Botaniker Carl v. Linné. Ob diese Hollandrose, wie sie manchmal auch genannt wurde, tatsächlich in den Niederlanden entstand oder ob sie, wie Clusius berichtete, ihm 1589 gemeinsam mit anderen Rosen aus Kleinasien gebracht wurde, läßt sich nicht mehr nachvollziehen. Fest steht, daß diese Rose in Holland zur Perfektion weiter kultiviert wurde und von dort aus ihren Siegeszug in die Welt antrat.

Zentifolien wurden rasch beliebt und waren vor allem wegen ihres Duftes im 17. und 18. Jahrhundert sehr geschätzt. Zweihundert verschiedene Sorten kannte man damals bereits. Da diese Rosen später auch in Südfrankreich kultiviert wurden, führte dies zu Verwechslungen mit der *Rosa gallica*. Aus dem lateinischen Namen *Rosa provincialis* wurden Provence-Rosen. Gallica-Rosen hingegen heißen auch Provins-Rosen (eine Stadt nahe Paris). Die botanische Her-

'Rose des Peintres', die Malerrose.

kunft dieser *Rosa centifolia* und der mit ihr eng verwandten Moosrose ist ein wenig kompliziert. Es ist anzunehmen, daß auch diese Rose in Kleinasien beheimatet ist. Aber sie ist weder eine Wildart noch eine Naturhybride wie die Damaszener-Rose, sondern eine Hybride, die aus den vier bedeutenden Rosenarten gezogen wurde, nämlich aus *Rosa gallica, Rosa phoenicea, Rosa moschata* und *Rosa canina*. Daß es für eine derart komplexe Kreuzung viele verschiedene Möglichkeiten gibt, ist leicht verständlich. Viele Schritte und Versuche waren nötig, um schließlich ein solch perfektes Ergebnis zu erzielen.

Charakteristisch für die Zentifolien sind ihre großen, rundlichen, sehr grob gesägten Blätter mit duftenden Drüsenhärchen an der Blattunterseite, die ungleichen borstenartige Stacheln sowie die kurzen Knospen, aus denen die leicht nickenden, sehr dicht gefüllten und stark duftenden Blüten entspringen. Nach dem Öffnen der Blüte entfalten sich Hunderte kleiner Blütenblätter, wobei die inneren kleiner sind als die äußeren. Dies erweckt den Anschein, als würden sie von diesen umschlungen. Diese sehr kleinen inneren Blütenblätter sind die zu Petalen umgewandelten Staubbeutel.

Berühmt ist der betörend süße Duft der Zentifolien – eine Eigenschaft, die sie wohl von der Moschusrose erbten. Zentifolien wachsen als große Büsche, sie benötigen relativ viel Platz. Durch den üppigen Blütenflor im Hochsommer und die schweren Blüten sind die Zweige der Zentifolien etwas überhängend. Ähnlich wie die Gallica-Rosen bilden sie auch Ausläufer. Ihre Triebe tragen Stacheln aller Art. Die Blüten erscheinen in Buscheln und werden von langen Blütenstielen getragen. Die Fruchtknoten sind eiförmig und scharfborstig. Zentifolien können sehr unterschiedlich aussehen, je nachdem, welcher Elternteil am stärksten durchschlägt. Es gibt Sorten mit sehr kleinen Blüten und solche, die wie die später gezüchteten Sorten deutliche Einflüsse der Chinarosen zeigen. Wie auch immer die Rosen aussehen, es sind bezaubernde Pflanzen mit einem unvergleichlichen, berauschenden Rosenduft.

ZENTIFOLIEN-ZÜCHTUNGEN

'Bullata': 1801 entstand diese Rose und auch sie ist eine typische Vertreterin der Zentifolien. Wegen ihrer Blätter, die blasig gewölbt sind und in der Jugend mahagonifarben getönt sind, ist sie botanisch interessant. 'Bullata' hat große, dicht gefüllte, hängende rosarote Blüten, die nach außen hin silbrig werden. Guter Centifolienduft. Höhe bis 180 cm.

'Cristata': Eine Zentifolie mit einem ganz besonderen Aussehen. Bei dieser Rose sind die Kelchblätter vergrößert und haben moosartige Auswüchse, die bei noch geschlossener Knospe an den Dreispitz Napoleons erinnern. Dies ist eine Mutation, die nur bei dieser Rose vorkommt und ihr den Beinamen »Chapeau de Napoléon« einbrachte.

Gefunden wurde diese Zentifolien-Rose angeblich 1820 an einer Klostermauer in Fribourg/Schweiz, anderen Quellen zufolge blühte sie bereits 1816 im »Großherzoglichen Orangengarten« zu Belvedere bei Weimar. Sie ist eine wunderbar duftende, rosarot blühende Zentifolie mit ausladendem Wuchs und dicht gefüllten, ballformigen Blüten. Höhe bis 200 cm.

'Fantin Latour': Sie zählt zu den bezauberndsten Alten Gartenrosen. Ihre Blüten sind typische Zentifolienblüten, zartrosa mit dunklerer Mitte, vollendet in ihrer kreisrunden Form, becherförmig bei halbgeöffneter Blume. Die inneren Blütenblätter sind dicht um die Mitte gerüscht, ohne jedoch diese freizugeben. Die äußeren Blütenblätter sind zurückgerollt. Die dunkelgrünen Blätter von 'Fantin Latour' erinnern in ihrer Zartheit etwas an eine China-Rose. Die Zweige sind nur wenig bestachelt. Vorzüglich, etwas herb duftend. Höhe bis 200 cm.

Eine Zentifolie.

'Major' – Batavia-Rose: Sie ist jene Urform der Zentifolien, um die sich die holländischen Züchter so viel Mühe machten und die, als sie schließlich in den Handel kam, mit ihrer vollendeten Form rasch zur beliebtesten Rose der damaligen Zeit wurde. *Rosa centifolia* 'Major' wächst kräftig, buschig und leicht auseinanderfallend. Die

Eine der schönsten weißen Rosen ist die Zentifolie 'White Provence'.

Triebe tragen Stacheln verschiedener Größen und Formen. Das Laub ist groß, stark gesägt und beidseitig flaumig-drüsig behaart. Aus runden Knospen, die von gefiederten Kelchblättern umgeben sind, öffnen sich dicht gefüllte »hundertblättrige« rosarote Blüten mit starkem, würzigem Centifolienduft. Die Blüten erscheinen einzeln oder in leicht nickenden Büscheln während der langen Blütezeit. Gut winterhart. Höhe bis 100 cm.

'Ombrée Parfaite' ist die dunkelste aller Zentifolien mit dicht gefüllten Blüten in Schattierungen von Purpur/Karmesin bis Kastanienbraun. Eine Rose, die gut duftet und kräftige, aber niedrige Büsche bildet. Höhe bis 100 cm.

'Fantin Latour', das Findelkind, ist eine der bezauberndsten Alten Rosen.

'Parvifolia' – Burgunderröschen: In einem verwilderten Garten bei Dijon wurde diese kleine Rose gefunden und als Zentifolie eingeordnet, obwohl große Ähnlichkeit mit den Gallica-Rosen besteht. Ihre Blüten sind ranunkelartig gefüllt, purpurviolett und sehr wohlriechend. Die Pflanze ist sehr dicht belaubt, wenig bestachelt und aufrecht im Wuchs. Höhe bis 60 cm.

'Robert le Diable': Eine sehr spät blühende Zentifolie, deren Habitus stark an eine Gallica-Rose erinnert. Ihre Blätter sind dunkelgrün und der Wuchs aufrecht. Sie bildet Ausläufer. Wunderschön und stark gefüllt sind die mittelgroßen Blüten, deren äußere Blätter sich zurückrollen. Hübsch und interessant ist auch das Farbspiel der Blüten, das von dunklem, lilagetönten Purpur bis zu Purpurrosa reicht und von kirschroten Flecken und Streifen aufgehellt wird. Manche Blütenblätter, vor allem am Rand, sind blaß lila getönt mit schiefergrauem Touch. All diese Töne wirken am besten an einem sehr sonnigen Platz. Höhe bis 150 cm.

'Rose des Peintres': Obwohl in manchen Katalogen als eine andere Sorte beschrieben, sind sich Fachleute einig, daß sie mit 'Major' identisch ist. Da diese Rose immer wieder von Künstlern gemalt wurde, gab man ihr diesen Beinamen.

'Spong': Sie ist eine eher kleine, sehr buschige Zentifolie mit rosettenförmigen, dichtgefüllten Blüten. Sie ist bereits verblüht, wenn die anderen Zentifolien zu blühen beginnen. Die Blüten sind becherförmig, kraus, nicht ganz so vollkommen wie die ihrer Schwestern, aber dafür ist sie sehr reich blühend. Höhe bis 100 cm.

'Ombrée Parfaite' ist eine der dunkelsten Zentifolien. Sie zeigt ungewöhnliche Farbnuancen von karminrot bis kastanienbraun.

'White Provence': Eine einmalig schöne, weiße Zentifolie. Sie wurde 1775 in England gezogen und ist im Aussehen eine typische Vertreterin dieser Rosengruppe. Die langen, eleganten Kelchblätter umschließen eine rötlich getönte Knospe, die sich zu einer rahmweißen Blüte öffnet. Halbgeöffnet ist die Blüte becherförmig, später wird das mittlere Auge sichtbar, umgeben von seidig glänzenden, dicht aneinander gelegten Blütenblättern. Eine Rose, die spät zu blühen beginnt und bis in den Herbst hinein blüht. Starker Duft. Höhe bis 150 cm.

Pomponrosen Rosa 'Pomponia'

Dies sind Zentifolien mit niedrigerem, dichten Wuchs und kleinen, aber dicht gefüllten Blüten, die gut duften.

***'Pomponia'* »Rose de Meaux«:** Eine niedrige, überreich blühende, rosa Pomponrose mit kleinem Laub. Schön geformte Knospen und dicht gefüllte Blüten. Die Rose wächst aufrecht, wird aber kaum höher als 100 cm. Vermutlich stand dieses Pomponröschen schon 1637 im Garten des Bischofs Dominique Seguir von Meaux. Von ihr gibt es eine weiße Mutation.

***'Pomponia'* »Rose de Meaux White«:** Ein überreich blühender Busch mit dicht gefüllten, weißen Blüten.

ROSA CENTIFOLIA 'MUSCOSA'

MOOSROSEN

Aus einer Knospenmutation der *R. centifolia* sind die Moosrosen hervorgegangen. Sie sind einmalig in ihrer Art und galten immer als etwas besonderes. Legendenumrankt waren sie schon früher und noch heute zählen sie zu den beliebtesten Rosen. Allerdings haben die meisten heute als Moosrosen bezeichneten Blumen mit ihren bezaubernden Namensvettern nur noch sehr wenig zu tun. Die echten Moosrosen ähneln den Zentifolien in der Blüte, unterscheiden sich aber von diesen durch das dichte Moos. Dies sind feine Drüsenhärchen an Stielen und Kelchblättern, die auch bei anderen Rosen vorkommen, aber nur bei den Moosrosen in dieser vergrößerten Form auftreten. Das Moos bildet ein zusätzliches Duftelement und verleiht dieser Rosengruppe ihren besonderen Reiz. Moosrosen sind in ihrem Erscheinungsbild sehr unterschiedlich. Sie können buschig und dicht wachsen oder aufrecht bis leicht überhängend. Auch wenn sie nicht ganz so robust sind wie die Zentifolien sind sie gut winterhart und gedeihen in jedem Gartenboden. Moosrosen sind sehr blühfreudig und schenken uns schon nach zwei Jahren eine üppige Blüte.

Später gezogene Moosrosen (1860–1870) lassen den typischen Charakter meist vermissen.

'Rose de Meaux' ist ein üppig blühendes Pomponröschen aus Frankreich.

***Rosa centifolia* 'Muscosa':** Die gewöhnliche Moosrose, die als eine Mutation von R. centifolia gilt, blühte erstmals 1696 in Südfrankreich und gelangte etwas später nach Holland, Italien und England, wo sie weiter kultiviert wurde. Aus dieser Rose entstanden zahlreiche Nachkommen, die in der Klasse der Moosrosen zusammengefaßt sind. *R. centifolia* 'Muscosa' ist eine Rose mit hervorragender Qualität und wunderbar süß duftenden Blüten in klarem Rosa. Die anfangs kugeligen Knospen öffnen sich flach und sind dicht gefüllt. Das Laub ist hellgrün, grobgesägt und Blütenstiele sowie Blütenkelche sind nicht bemoost. Der würzige Duft des Mooses verstärkt den intensiven Blütenduft. Ähnlich den Zentifolien bilden auch Moosrosen offene, etwas auseinanderfallende Sträucher bis 15 cm.

'Blanche Moreau': Diese Rose wurde 1880 aus 'Comtesse de Murinais' und 'Quatre Saisons Blanc' gezogen. Sie bildet elegante Sträucher mit dunklen Zweigen und braun bemoosten Blütenstielen und Knospen. Mittelgroße stark gefüllte Blüten, die anfangs rosa überhaucht sind, später reinweiß blühen und süß würzig duften. Späte Blütezeit. Wuchs bis 150 cm.

'Comtesse de Murinais': Eine kräftig wachsende Moosrose mit früher Blütezeit. Das hellgrüne Laub und die kräftig bemoosten schlanken Blütenkelche harmonieren gut mit den zartrosa Blüten, die sich zu fast weißen, gut gefüllten, geviertelten Blüten entfalten, manchmal mit sichtbaren grünen Knopfauge. Blüten und Moos duften süß. Höhe bis 170 cm.

'Géneral Kleber': Die einzige Moosrose, die ein wenig an die Alba-Rose 'Celeste' erinnert. Ihre Blüten sind zartrosa, gut gefüllt, flach und duften nur leicht. Die Blätter und die gut bemoosten Kelche sind hellgrün. Eine Rose, die kräftige, leicht überhängende Sträucher bis 150 cm bildet.

'Henri Martin': Eine Moosrose mit leuchtend karminroten Blüten, flach und kamelienartig in ihrer Form. Lokker gefüllt und sehr stark würzig duftend. Gut bemooste Knospen. Eine

Die ganz »gewöhnliche« Moosrose *Centifolia muscosa* mit deutlich sichtbaren bemoosten Stielen und Blütenkelchen.

'Nuits de Young', die dunkelste aller Moosrosen.

Pflanze mit aufrechtem bis leicht überhängendem Wuchs bis 180 cm. Sie bevorzugt etwas feuchten Boden und ist auch bei Regenwetter noch ein sehr erfreulicher Anblick.

'Nuits de Young': Sie ist die dunkelste aller Moosrosen. Die Blütenfarbe der kleinen Blumen ist violettbraun mit purpurrot. Die Blütenblätter sind samtig, dicht gefüllt und duftend. Voll erblüht bilden die Staubgefäße einen zusätzlichen Schmuck. Das Laub und die eher schwach bemoosten Knospen sind tiefgrün bis bräunlich und schimmern metallisch. Eine buschige Pflanze, die im Hochsommer blüht. Höhe bis 120 cm.

'Salet': Eine der wenigen öfter blühenden Moosrosen mit lebhaft rosaroten, großen Blüten. Häufig sind diese geviertelt mit sichtbarem Knopfauge. Die nur wenig bemoosten Knospen werden von schlanken Kelchblättern umgeben. Kräftiger, aufrechter bis leicht überhängender Wuchs bis 150 cm. Eine Rose, die schon im Juni erstmals blüht und bis zum Herbst immer wieder remontiert.

Shailer's White Moss: Diese weiße Moosrose aus Malmaison wurde von Redouté gemalt und von ihm *R. centifolia* 'Muscosa Alba' genannt. Die 1810 entstandene Rose ist eine breite Pflanze mit überhängendem Wuchs und ansprechendem, zartgrünem Laub. Die Blütenstiele wie auch die braungrünen Knospen sind dicht bemoost. Die Blüten sind etwas weniger gefüllt als bei der »gewöhnlichen« rosaroten Moosrose, aber von ebensolcher Qualität. Im Erblühen ist sie rosa angehaucht, später reinweiß mit grünem Auge und sehr gutem Duft. Höhe bis 120 cm.

Ein prächtiger Strauch der Moosrose 'Henri Martin'.

'William Lobb': Attraktiv ist vor allem die Farbe dieser hochwachsenden Moosrose. Die halbgefüllten Blüten sind karmin-purpur blühend, in der Mitte etwas heller und werden nach außen hin blaß lilarosa. Die inneren Blütenblätter sind oftmals etwas zurückgeschlagen. Gut bemooste Knospen und Stiele. Die Blüten erscheinen in großen, langstieligen Büscheln und haben einen leichten, herben Duft. Kräftiger, aufrechter Wuchs mit weit überhängenden, stacheligen Zweigen und kleinen, dunkelgrünen Blättern. Höhe über 200 cm.

Ein dicht gefülltes Moosröschen mit gut bemoosten Knospen ist 'Henry Moss'. Eine Rose, die üppig blühende Sträucher bildet.

CHINA-ROSEN
ROSA CHINENSIS

Als gegen Ende des 18. Jahrhunderts Rosen aus dem Fernen Osten England erreichten, begann für die Rosen ein neues Zeitalter. Blühten die Alten Gartenrosen mit Ausnahme der Damaszener-Rosen bisher nur einmal in der Vegetationsperiode, so brachten diese neuen Rosen völlig andere Charaktereigenschaften mit, die heute noch in allen modernen Gartenrosen zu finden sind. Erst durch die Einführung dieser immerblühenden Rosen und das Kreuzen mit den bis dahin bekannten Arten konnten so wunderbare Rosen wie Noisette-, Bourbon-, und Remontant-Rosen entstehen. Eine Entwicklung, die in weiterer Folge die Teehybriden hervorbrachte.

Aber zurück zu den China-Rosen. Diese Rosen, die in Asien schon seit langem in Kultur waren, ehe sie Europa erreichten, gehören botanisch zur Sektion *Rosa indica* und sind eine ihrer zahlreichen Erscheinungsformen. In ihrer Wildform bilden sie 1–2 m hohe Sträucher mit roten oder rosa Blüten, dunkelgrünen Blättern und nur wenig Stacheln. Die für die Rosenentwicklung so bedeutsamen China-Rosen sind Mutationen dieser Urform, beziehungsweise als Hybride mit einer ebenfalls aus China stammenden Rose (*Rosa gigantea*) hervorgegangen.

China-Rosen sind niedrige Büsche mit zarten, beinahe stachellosen, wenig belaubten Zweigen. Die Blättchen 3–5 sind eiförmig zugespitzt, tiefgrün und glänzend.

Die Blüten erscheinen meist zu mehreren an langen Stielen, sind mittelgroß, locker gefüllt und wohlriechend. Die Kelchblätter sind einfach, zugespitzt zurückgeschlagen und fallen später ab. Die Früchte sind birnenförmig, 2 cm lang und von braungrüner Farbe.

Gefunden wurden China-Rosen in einem Garten in Kalkutta und von dort brachte man sie nach England, wo sie unter dem Namen Bengalrose bekannt wurde. Die besonderen Merkmale dieser Rosen sind die Farbe ihrer Blüten – erstmals ein richtiges Rot – und ihre kontinuierliche Blühdauer während des ganzen Sommers. China-Rosen wurden später von Polyantha-Rosen ersetzt. Den Liebreiz der China-Rosen konnten diese jedoch nicht erreichen.

Es würde hier zu weit führen, alle Einzelheiten dieser Entwicklung näher zu erläutern. Nur die wichtigsten China-Rosen sowie einige besonders schöne Hybriden sollen hier beschrieben werden.

Die erste China-Rose, die 1972 Europa erreichte war »Slater's Crimson China« **(R. chinensis semperflorens)**. Sie kommt der Wildart, die aber erst später ebenfalls in China entdeckt wurde, am nächsten. Eine Rose, die lockere, niedrige, zarte Büsche bildet und halbgefüllte dunkelrote Blüten trägt. Die Blätter sind schlank und dunkelgrün, die Früchte hellrot. Sie blüht unermüdlich und wird deshalb auch Monats-Rose genannt. Leider ist diese Rose nur noch selten in Kultur.

Die China-Rose 'Gloire des Rosomanes'.

'Parson's Pink China' (R. chinensis × Rosa gigantea): Sie war die zweite Rose, die aus China kam. Schenkt man dem berühmten Botaniker Linné Glauben, so ist diese Rose erstmals 1752 nach Schweden eingeführt worden und gelangte von dort nach England, wo sie weiter kultiviert wurde und 'Old Blush' genannt wurde. Diese China-Rose hat halbgefüllte Blüten in Rosa und blüht kontinuierlich. Es ist eine starkwüchsige Pflanze, deren Büsche bis 150 cm hoch werden, an einem geschützten Standort an einer Mauer sogar noch höher. Die Charaktereigenschaften dieser Rose lassen als Herkunft neben der *Rosa chinensis* auch *Rosa gigantea* vermuten. Sie könnte demnach eine Hybride aus diesen beiden Wildrosen sein, die im Lauf der tausendjährigen Entwicklung der Rose in China gezüchtet wurde. Sie war eine sehr wichtige Rose, aus Einkreuzungen mit ihr entstanden Bourbon- bzw. Noisette-Rosen.

Die dritte wichtige Rose aus China war **'Hume's Blush tea-scented China'** *(Rosa chinensis × Rosa gigantea = R. indica odorata).* Sie wurde 1809 aus Ostindien nach Europa gebracht und unter dem Namen *Rosa indica odorata* in England registriert. Diese Rose zeigte starke Einflüsse der wilden Teerose (*Rosa gigantea*). Heute ist von dieser Rose keine Pflanze mehr in Kultur. Gekreuzt mit Noisette, Bourbon-Rosen sowie Parks's Yellow Tea-scented China entstanden die Teerosen.

»Parks's Yellow Tea-scented China« *(Rosa chinensis × Rosa gigantea = R. indica ochroleuca):* Sie war die vierte chinesische Rose. Bald nach der Einführung der ersten teeduftenden Rose kamen weitere Pflanzen aus China nach Europa. Parks führte sie 1824 nach England ein und es dauerte nicht lange bis sie in Frankreich zu Favoriten wurden. In Redoutés berühmter Sammlung findet man sie als *Rosa indica sulphures.* Diese nach »Tee« duftende Rose glich mit ihren großen gefüllten hellgelben Blüten eher der wilden Teerose als einer China-Rose. Analysen bestätigen sie als Hybride, hervorgegangen aus *Rosa chinensis* und *Rosa gigantea.* Auch dieser China-Rose kommt eine große Bedeutung für die Entwicklung der späteren Gartenrosen zu. Gekreuzt mit den Noisette-Rosen entstanden die typischen gelben Teerosen, gekreuzt mit den Bourbon-Rosen und »Hume's Blush« die zahllosen anderen fantastischen Schattierungen der Teerosen. Die heute im Handel erhältlichen China-Rosen sind alle Hybriden. Einige der schönsten möchte ich hier vorstellen:

'Fellemberg': Diese kleine China-Rose erfreut uns mit ihren rosaroten Blüten, die in großer Fülle bis in den Herbst erscheinen. 'Fellemberg' ist eine sehr anpassungsfähige Rose mit leicht kletterndem Habitus, die sich an einem niedrigen Spalier ebenso ziehen läßt wie als Einzelstrauch. Die nur halbgefüllten Blüten mit gelben Staubgefäßen stehen an schlanken Zweigen mit dunkelgrünem Laub. Höhe bis 150 cm.

'Hermosa': Eine China-Rose, die sich vorzüglich für Gruppenpflanzungen eignet. Ihre Blüten sind klein bis mittelgroß, halbgefüllt und lilarosa, öfterblühend in Büscheln und duftend. Das Laub ist bläulich-grün. Aufrechter mittelstarker Wuchs bis 90 cm.

'Le Vésuv' ist eine der ältesten Hybriden. Sie ist 1825 in Frankreich ent-

'Le Vesuv', ebenfalls eine China-Rose, zeichnet sich durch ihr wunderbares Farbspiel und die elegante Blütenform aus.

'Hermosa', eine klassische China-Rose, die sich auch gut für eine Topfkultur eignet.

'Mutabilis' wächst an einem warmen Ort bis zu 2 m Höhe heran. Ihre Blüten verändern ihre Farbe im Lauf der Entwicklung, weshalb sie den Namen 'Mutabilis' erhielt.

standen und hat leuchtend karminrosa Blüten, die am Rand silbrig und leicht schattiert sind. Gut gefüllt. Eine sehr stachelige Rose mit reicher Blüte, leicht duftend. Etwas remontierend. Kräftiger Wuchs bis 120 cm.

'Little White Pet': Eine kleine weiße China-Rose mit weißen, duftenden Blüten in zierlicher Röschenform. Reich blühende Pflanze, gut remontierend mit hübschen Blütenbüscheln, die zum Schnitt geeignet sind. Dunkelgrünes glänzendes Laub. Höhe bis 50 cm.

'Mutabilis': Eine neuere China-Rose, deren Blüten gleichzeitig in verschiedenen Farben erscheinen. Beim Aufblühen zart gelb, außen orange, am 2. Tag innen kupfrig lachsfarben, in dunkel-karminrot übergehend. Die Blüten sind einfach, schalenförmig und erscheinen ununterbrochen. Stacheln und Jungtriebe sind purpurrot. Lockerer und aufrechter Wuchs bis 200 cm.

'Viridiflora': Die grüne Rose wurde 1840 in den USA gezüchtet. Sie ist eine Besonderheit. Bei ihr ist die gesamte Blüte einschließlich der Staubgefäße in grüne Blätter umgewandelt, die teilweise auch bronzefarben getönt sind. Sie bildet niedrige lockere Sträucher mit büschelförmigen Blüten, die würzig duften. Lange Blütezeit. Aufrechter Wuchs bis 80 cm.

MOSCHUSROSE ROSA MOSCHATA

Eine für die Entwicklung unserer Gartenrosen bedeutende Rose möchte ich an dieser Stelle erwähnen, ohne die viele der im folgenden Abschnitt beschriebenen Rosen nicht existieren würden.

Rosa moschata nepalensis: Sie wurde Anfang des vorigen Jahrhunderts aus dem Himalaya eingeführt und ist eine Kletterrose, die in ihrer Heimat eine Höhe bis zu 10 m erreichen kann. Ihre elfenbeinweißen, einfachen Blüten strömen den starken, süßen Moschusduft aus, der vor allem abends wahrzunehmen ist. Die Zweige dieser Rose sind kaum bestachelt, die Stiele fein behaart. Sie hat dunkelgrüne Blätter, die etwas rötlich umrandet sind – eine elegante Erscheinung. Die Moschusrose blüht vom Spätsommer bis zum Frost. Sie ist in Südeuropa und in Nordafrika sowie im Nahen und Mittleren Osten bekannt und dort schon lange in Kultur. In Europa wurde sie zu Beginn des 16. Jahrhunderts eingeführt. Auch diese Rose hat bei der Rosenzucht eine bedeutende Rolle gespielt. Es gibt zahlreiche Hybriden von ihr, die jedoch alle erst in diesem Jahrhundert gezüchtet wurden und deshalb in diesem Buch nicht beschrieben werden.

NOISETTE-ROSEN

***Rosa moschata* × 'Parsons's Pink China'**

Diese Gruppe sehr reizender Rosen in zarten Pastelltönen entstand circa um das Jahr 1800 in Charleston, einer Stadt im Süden der Vereinigten Staaten, aus einer Kreuzung einer Moschusrose und einer 'Parsons's Pink China'. Der Reispflanzer John Champney, der als Hobby Rosen züchtete, erhielt von seinem Nachbarn, einem der Brüder Noisette, die sowohl in Paris wie auch in Charleston einen

'Viridiflora' ist eine seltsame Mutation einer China-Rose, bei der sich die Petalen zu Blättern veränderten.

Zuchtbetrieb unterhielten, diese rosarote China-Rose. Das Ergebnis der Einkreuzung waren sehr schöne Hybriden, die den kletternden Wuchs, die großen, büschelförmigen Blüten und vor allem den hervorragenden Duft der Moschusrose erbten. Die halbgefüllten rosafarbenen Blüten hingegen stammen von der China-Rose. Diese Rose erfreute sich in Amerika rasch großer Beliebtheit und ist als 'Champney's Pink Cluster' heute noch erhältlich.

Aber erst durch die Vermehrung über Samen von 'Champney's Pink Cluster' und deren Weiterentwicklung durch Philippe Noisette entstanden die berühmten französischen Noisette-Rosen. Im Jahr 1819 wurden diese Rosen von Louis Noisette in Paris als Noisette-Rosen eingeführt. Bereits 1821 fertigte Redouté ein Bild dieser Rosen an. Mit Ausnahme von 'Aimeé Vibert' blühten diese Rosen bis 1830 tiefrosa und verblassten langsam zu lilarosa. Erst durch das nochmalige Einkreuzen mit 'Parks's Yellow Tea-scented China' entstanden 1830 die gelben Noisette-Rosen und jene für diese Rosen so typischen Töne wie Pfirsich- und Aprikosenfarben. Die Blüten sind becherförmig halb gefüllt und besitzen gelbe Staubgefäße.

Noisette-Rosen tragen ihre duftenden Blütenbüschel während der ganzen Vegetationsperiode. Leider sind sie frostempfindlich und müssen im Winter in einen kühlen Raum gestellt werden. Sie eignen sich jedoch sehr gut als Kübelpflanzen.

'Blush Noisette': Dies ist jene Rose, die Louis Noisette seinem Bruder nach Paris sandte. Auch heute gilt sie als eine sehr wertvolle Sorte. Ihre Blüten sind lilarosa mit gelblicher Mitte, locker gefüllt und leicht duftend. Eine stachellose Rose mit stumpfen grünem Laub. Nicht ganz so stark wüchsig wie 'Champney's Pink Cluster'. Höhe bis 150 cm. Nach Nelken duftend.

Blütenbüschel von 'Blush Noisette'.

'Mme. Alfred Carrière', eine der winterhärtesten Noisette-Rosen.

'Champney's Pink Cluster': 1811 ist diese Rose in Amerika entstanden. Es ist eine Naturhybride mit rosa Blüten, die etwas dunkler schattiert sind. Die Blumen sind sehr groß und sehr gut duftend. Eine üppig bluhende Rose mit mittelgrünem Laub. Stark kletternd, Höhe bis 400 cm. Einmalblühend.

'Maréchal Niel': Eine schwefelgelbe Noisette-Rose mit sehr gut duftenden, dicht gefüllten großen becherförmigen Blüten. Starker, überhängender Wuchs und üppige Blüten. Nur für geschützte Lagen. Frostfest bis −3°. Berühmte alte Sorte. Einmalblühend.

'Mme. Alfred Carrière': Eine der wenigen weißen Noisette-Rosen. Ihre Blüten sind locker gefüllt, rahmweiß, innen rosa angehaucht, kugelig und stark duftend. Ihre Triebe sind lang, nicht sehr stark, mit hellgrünem Laub. Kräftiger Wuchs bis 500 cm. Diese Rose blüht während des ganzen Sommers.

'Souvenir de la Malmaison'.

BOURBON-ROSEN

***Rosa damascena bifera* × 'Parsons's Pink China'**

Eine sehr große und wichtige Gruppe von Gartenrosen, die auch an Schönheit keinen Wunsch offen läßt. Ähnlich den Noisette-Rosen entstanden auch sie aus einer Kreuzung mit einer China-Rose. Der andere Elternteil war eine herbstblühende rosarote Damaszener-Rose. Die erste Generation dieser Rosen waren Naturhybriden, die per Zufall auf der »Ile de Bourbon« (heute Réunion) entstanden waren. Diese Insel im Indischen Ozean war damals ein wichtiger Stützpunkt für die Schiffe, die zwischen Asien und Europa Güter transportierten. Und es ist anzunehmen, daß die China-Rosen durch diese Schiffe auf die Insel gelangten. Die französischen Siedler, die die Insel bewohnten, hatten die hübsche Gewohnheit, ihre Felder mit Rosenhecken zu umfrieden. Dafür pflanzten sie sowohl Damaszener- als auch China-Rosen an. Ein Pariser Botaniker, Direktor des botanischen Gartens auf dieser Insel, entdeckte erstmals im Jahr 1817 einen Sämling, der eine Mischform dieser beiden Rosenarten darstellte. Eine kräftige schöne Pflanze, die nach der Nachbarinsel »Rose Edward« benannt wurde. Zwei Jahre später sandte er Samen dieser neuen Rose an seinen Freund A. Jacques, Hofgärtner König Louis-Philippe's nach Paris, der daraus die erste Bourbon-Rose zog, 'Rosier de l'Ile de Bourbon' genannt. 1823 bereits wurde sie in Frankreich und zwei Jahre danach in England gewerbsmäßig vertrieben. Unter dem etwas kuriosen Namen »Rosa canina Bourboniana« wurde sie von Redouté in seine Sammlung aufgenommen. Aber auch diese Rosen brachten erst in der zweiten Generation verbesserte Eigenschaften. Von der Damaszener-Rose stammt der wunderbare Duft und von der China-Rose die Blühfreudigkeit und die herrlichen Farben.

Bourbon-Rosen wachsen im allgemeinen kräftig. Ihre Triebe sind kurz und dick, die Rinde sehr glatt. Nur wenig kurze Stacheln. Das Laub ist dunkelgrün und glänzend, die Blätter sind spitzzulaufend, den China-Rosen ähnlich, graugrün in der Farbe. Dicke rundliche Knospen und kurze runde Fruchtknoten.

Bourbon-Rosen können sehr unterschiedlich aussehen, es gibt starkwüchsige Sorten aber auch solche, die niedrig bleiben. Sie eignen sich daher für jede beliebige Form. Sie bevorzugen halbschattige Lagen, sind also nicht für heiße Südwände geeignet. Ihre Blütezeit reicht von Sommerbeginn bis in den Spätherbst, wobei ihr Blühhöhepunkt im September liegt. Nicht alle dieser Rosen sind winterhart.

Auch Bourbon-Rosen trugen sehr viel zur Weiterentwicklung der Gartenrosen bei und wurden immer wieder zu Kreuzungen herangezogen. So verdanken wir ihnen die rosafarbenen Teerosen und die Remontant-Rosen.

Ist in den ersten Bourbon-Rosen noch der typische Charakter erhalten geblieben, so ging dieser, von Ausnahmen abgesehen, den späteren Sorten verloren.

'Boule de Neige': Eine weiße Bourbon-Rose, die aufrechte große Büsche bildet. Die karmesinroten Knospen öffnen sich zu einer rahmweißen Blüte mit gelegentlich zartrosafarbenem Rand. Die Blumen sind dicht gefüllt, ballförmig und sehr gut duftend. Dunkelgrünes ledriges Laub. Höhe bis 150 cm. Winterschutz erforderlich.

'Honorine de Brabant'.

'Bourbon Queen': 1835 ist diese Rose entstanden und sie ist eine der ältesten unter den Bourbon-Rosen. Ihre rosapurpurnen Blüten sind halbgefüllt und stark duftend. 'Bourbon Queen' ist eine früh blühende Rose. Ihre ersten Blüten öffnen sich schon im Juni. Üppige und gut remontierende Blüte. Bläulichgrünes Laub und aufrechter Wuchs bis 300 cm. Gut frosthart.

'Prince Charles': 1842 entstand diese beinahe dornenlose Rose mit locker gefüllten Blüten, die anfangs blutrot sind und sich später zu violett verfärben, wobei sie an der Basis etwas verblassen. Sie sind gekräuselt und intensiv süß duftend. 'Prince Charles' ist einmalblühend im Hochsommer. Sie wird bis 120 cm hoch.

'Mme. Isaac Pereire' ist die Bourbon-Rose mit dem intensivsten Duft.

'Honorine de Brabant': Dies ist eine süß duftende, sehr stark wüchsige Bourbon-Rose. Ihre Triebe sind mit wenigen, aber großen Stacheln besetzt, die Blätter sind hellgrün und etwas ledrig. Die Blütenfarbe dieser Rose ist außergewöhnlich. Lilarosa mit violett/weißen Streifen, dicht gefüllt und geviertelt. Sie ist öfterblühend, bis lange in den Herbst hinein. Höhe bis 180 cm.

'Mme. Ernest Calvat': Sie gilt als eine berühmte alte Sorte und ist ein Sport von 'Mme. Isaac Pereire' und entsprechend sind auch ihre Blüten dicht gefüllt, ballförmig und sehr gut duftend. Das warme, helle Rosa ihrer Blüten harmoniert gut mit dem Purpurbronzeton des jungen Laubes. Eine Rose, die bis in den Herbst blüht. Aufrechter Wuchs und lange Triebe. Kann auch als Kletterrose verwendet werden. Höhe bis 200 cm.

'Mme. Isaac Pereire': Diese Bourbon-Rose gilt als die duftendste aller Alten Rosen. Verhältnismäßig spät, erst 1881 ist sie entstanden. Die tiefrosa Blüten sind purpurn schattiert und sehr dicht gefüllt. Geviertelte Blüte mit zurückrollenden Blütenblättern. Eine kräftige Rose mit starken Trieben. Gut remontierend. Höhe bis 200 cm. Ein Winterschutz ist allerdings erforderlich.

'Mme. Pierre Oger': Eine sehr beliebte alte Bourbon-Rose mit kugeligen, gut gefüllten Blüten in silbrigem Rosa. Aufrechter schlanker Wuchs und intensiver Duft. 'Mme. Pierre Oger' ist öfterblühend und wird bis 150 cm hoch.

Die silbrig rosafarbene 'Mme. Pierre Oger'.

'Souvenir de la Malmaison': Diese wohl berühmteste Rose ist 1843 aus einer Kreuzung von 'Mme. Desprez' und einer Teerose entstanden. Ihre kühl-zartrosa Blüten quellen aus dikken rundlichen Knospen. Sie sind dicht gefüllt, die Blütenblätter sind im Fünfstern angeordnet. Sie hat einen ausgeprägten Teerosenduft. Ihr ursprünglich kletternder Wuchs hat sich im Lauf der Kultur zu einem Busch verwandelt. Sie blüht mit Unterbrechungen während des ganzen Sommers. Höhe bis 90 cm.

PORTLAND-ROSEN
***Rosa damascena bifera* × *Rosa gallica* × *Rosa chinensis* var. 'Semperflorens'**

Dies sind Rosen, deren Herkunft ein wenig geheimnisvoll ist. Offiziell sind sie 1809 in Paris entstanden, aber einer Legende nach wurden sie von der Herzogin von Portland bereits einige Jahre früher nach England eingeführt. Sie brachte diese Rose von einer Reise aus Italien mit und ihr zu Ehren wurde sie 'Duchesse of Portland' genannt.

Es war eine scharlachrote Rose mit einer zweimaligen Blüte im Sommer und im Herbst, woraus geschlossen wurde, daß es sich um einen Sämling einer zweimalblühenden Damaszener-Rose mit einer Gallica-Rose und einer China-Rose handelte. Von Redouté gibt es dazu eine hervorragende Abbildung.

Portland-Rosen wurden rasch zu beliebten Rosen. Eng verwandt mit den Damaszener-Rosen, erbten sie deren zweimalige Blüte und den köstlichen Duft. Die kräftigen Farben und den niedrigen Wuchs trugen die beiden anderen Rosenarten bei. Portland-Rosen werden bis zu 150 cm hoch. Sie tragen ihre Blütenbüschel an kurzen Stielen dicht am Laub. Die Blüten sind jenen der Damaszener-Rosen sehr ähnlich, unterscheiden sich aber von diesen durch kürzere

'Bourbon Queen', eine klassische Vertreterin der großen Gruppe der Bourbon-Rosen.

'Jacques Cartier' ist eine gut remontierende Portland-Rose mit geviertelten Blüten und gesundem Laub.

'Rose du Roi', eine süß duftende Portland-Rose.

Blütenstiele und kräftigere Farben. Auch Portland-Rosen waren für die Rosenzucht von Bedeutung. Eine von ihnen ('Rose du Roi') wurde zur Vorfahrin der reizvollen Remontant-Rosen.

'Jacques Cartier': Süß duftende Blüten schmücken vom Sommer bis Herbst diese Rose. Die Blüten sind groß, dicht gefüllt, geviertelt, die inneren Petalen stark eingerollt. Daß anfangs kräftige Rosa hellt sich später etwas auf. Gesundes, hellgrünes Laub. Aufrechter Wuchs bis 120 cm.

'Miranda': Eine satin-rosa blühende Portland-Rose, mit mehreren Blüten am Stiel. Große halbgefüllte, duftende Blumen. Aufrechter Wuchs und gut remontierend. Höhe bis 150 cm.

'Mme. Boll': Diese rosafarbene Portland-Rose, die häufig unter dem falschen Namen 'Comte de Chambord' im Handel ist, erfreut durch eine unermüdliche und reiche Blüte. Sie entstand 1853 in Amerika und wurde in Europa rasch zu einer der beliebtesten Rosen des Biedermeier. Ihre Blüten sind groß, flach, dicht gefüllt und geviertelt. Sehr gut duftend. Gesundes, hellgrünes Laub. Höhe bis 120 cm.

'Rose du Roi': 1812 erstmals als 'Rose Lelieur' eingeführt. Später wurde sie zu Ehren des französischen Königs in 'Rose du Roi' umbenannt. Sie besitzt leuchtend karminrote große, mittelgefüllte Blüten. Eine Rose, die den ganzen Sommer gut duftende Blüten bringt. Höhe bis 120 cm.

'The Portland': Sie ist jene Rose, die um 1790 von Italien nach England gebracht wurde. Wahrscheinlich entstand sie aus einem Sämling einer *Rosa damascena-bifera* × *Rosa gallica* × 'Slater's Crimson China') Ihre Blüten sind hellrot, halbgefüllt mit goldenen Staubgefäßen und duften wunderbar. Die Pflanze ist dicht belaubt, jedoch nicht sehr hoch im Wuchs. Höhe bis 90 cm. Öfterblühend.

TEEROSEN

Rosa odorata

Die echten Teerosen, nicht zu verwechseln mit den Teehybriden, sind Rosen, die lange bevor sie nach Europa gelangten, bereits in China bekannt waren. Unter den zahlreichen Kreuzungen, die aus *Rosa gigantea* (der wilden Teerose) und der *Rosa chinensis* vorgenommen wurden, spielten zwei in der Entwicklung der bei uns bekannten Teerose eine wichtige Rolle. 'Hume's Blush Tea-scented China', aus der, wiederum eingekreuzt mit der Original Bourbon-Rose 1833, in Frankreich die erste rosafarbene echte Teerose namens 'Adam' entstand. Die zweite Tee-Rose war 'Parks's Yellow Tea-scented China'. Sie bildete gemeinsam mit 'Blush Noisette' die Eltern der echten gelben Teerose. Entstanden ist sie in England und wurde 'Smith's Yellow' genannt.

Von diesem Zeitpunkt an war die Entwicklung der Teerosen nicht mehr aufzuhalten. Durch immer neue Einkreuzungen entstanden in der Mitte des vergangenen Jahrhunderts die wohl exquisitesten und elegantesten, aber auch empfindlichsten Rosen, die je gezüchtet wurden: die echten Teerosen.

Im nördlichen Mitteleuropa wachsen Teerosen – mit zwei Ausnahmen – nicht sehr hoch. Sie erreichen je nach Lage und Standort nur etwa 120 cm. Ihre Zweige sind gerade, hellgrün und mit wenigen großen Stacheln besetzt. Ihre Blätter sind in jungem Zustand rötlich, später kräftig grün, eiförmig zugespitzt und gezähnt. Die Oberseite ist ledrig glänzend im Gegensatz zur mattgrünen Blattunterseite. Die drüsige Behaarung fehlt ihnen. Die großen Blüten stehen an einzelnen Stielen. Die Knospen werden von langen zugespitzten Kelchblättern umgeben. Glatte runde, orangefarbene Früchte. Es sind wunderbare Rosen mit großen Blüten, halb oder dicht gefüllt und sehr gut duftend. Sie blühen vorwiegend in Pastelltönen. Es gibt keine dunklen Gelb- oder Rottöne. Teerosen sind leider mit einer Ausnahme nicht winterfest.

'Adam': Man betrachtet sie als die erste europäische Teerose. Sie entstand Anfang des 19. Jahrhunderts in Frankreich, galt als verloren, hat jedoch im Rosengarten von Sangerhausen in Thüringen überlebt und ist dort zu besichtigen. Ihre aprikosenfarbenen Blüten schimmern leicht kupfrig, sind dicht gefüllt, geviertelt und gut duftend. Höhe bis 80–100 cm.

'Gloire de Dijon': Sie ist die einzige winterfeste Teerose. 1853 ist sie entstanden. Ihre dicht gefüllten Blüten zeigen ein großes Farbspiel von rahmweiß bis zu zartem Rosa, manchmal gelblich oder lachsrosa schattiert. Kräftiger aufrechter Wuchs, kletternd. Unermüdliche Blüte bis zum Frost. Höhe bis 300 cm. Sie ist zwar frostfest, will aber trotzdem etwas Winterschutz.

'Niphetos': Obwohl diese Teerose frostempfindlich ist und daher besser als Kübelpflanze gezogen wird, möchte ich diese Rose vorstellen. Sie ist ein zartes Geschöpf mit hellgrünem Laub und weißen, magnolienähnlichen Blüten, die von klassischem Teerosenduft begleitet werden. Eine außergewöhnliche Erscheinung mit unermüdlicher Blüte, die besonders gepflegt werden will. Höhe bis 90 cm.

'Gloire de Dijon', die klassische Teerose, die an Schönheit kaum zu übertreffen ist.

REMONTANT-ROSEN

Dies sind die Rosen unserer Groß- und Urgroßmütter. Sie entstanden vorwiegend in der zweiten Hälfte des vergangenen Jahrhunderts. Mehr als tausend Sorten wurden damals gezüchtet, von denen aber nur wenige die Zeit überdauerten. An ihrer Entstehung sind vor allem die zuletzt genannten Rosengruppen beteiligt gewesen. Als Urahn gelten die 'Rose du Roi', jene in Frankreich entstandene Portland-Rose und 'Gloire des Rosomanes', eine Hybride aus einer Bourbon-Rose und einer China-Rose. Da diese Rosen immer wieder von neuem miteinander eingekreuzt wurden, ist das Aussehen der Remontant-Rosen sehr unterschiedlich. Frühe Sorten zeigen noch den Reiz der alten Gartenrosen im Gegensatz zu den späteren Züchtungen, die mit den »Alten« Rosen nicht mehr viel gemeinsam haben. Ich beschreibe deshalb hier nur einige der frühen Sorten.

Remontant-Rosen blühen vorwiegend in Rosa- und Rottönen sowie Weiß. Es sind Rosen mit großen Blüten, meist dicht gefüllt und gut duftend. Sie sind kräftig im Wuchs und manchmal überhängend und gut remontierend. In kalten Gegenden benötigen manche von ihnen einen Winterschutz.

'La Reine', die leicht lilarosa getönte Remontant-Rose, ist eine der ältesten dieser Rosengruppe.

'Baron Girod de l'Ain': Eine Rose mit leuchtend dunkel karminroten Blüten. Petalen gewellt und weiß gerandet, im Verblühen zu Purpur hin verfärbend. Dicht gefüllt und stark duftend. Die Pflanze bildet kräftige Büsche mit großem Laub. Öfterblühend. Höhe bis 150 cm.

'Eugène Fürst': Die großen, gerüschten Blüten dieser Rose sind samtrot, dicht gefüllt mit vielen kurzen Petalen in der Blütenmitte. Wenn die Rose voll erblüht ist, verändert sich die Farbe zu einem violettrot und bildet einen hübschen Kontrast zu den sichtbar gewordenen gelben Staubgefäßen. Es ist eine kräftige gesunde Rose mit hellgrünem Laub. Höhe bis 100 cm.

'Général Jacqueminot': Diese Remontant-Rose entstand als Sämling von 'Gloire des Rosomanes'. Ihre Blüten sind samtig, leuchtend hellrot, gut gefüllt, duften stark und blühen öfter. Sie hat einen buschigen Wuchs und wird bis 120 cm hoch.

'Baron Girod de l'Ain', eine attraktive Remontant-Rose.

'Gloire des Rosomanes': Wiederum eine für die Rosenzucht sehr wichtige Rose. Sie hat leuchtend scharlach-karminrote, sehr große Blüten, die leicht gefüllt sind und sehr gut duften. Die Pflanze ist dauerblühend und starkwüchsig. Höhe bis 150 cm. Sie gilt als Vorläuferin der Remontantrosen, die in der zweiten Hälfte des vergangenen Jahrhunderts gezüchtet wurden und zu den beliebtesten Rosen zählten.

'La Reine' – 'Rose de la Reine', 'Reine du midi': 1843 entstand diese Rose. Blütenfarbe ist ein lilagetöntes Rosa. Sehr dicht gefüllte und sehr große kugelig geformte Blüte, deren äußere Petalen sich beim Öffnen zurückrollen. Sie bildet kräftige Büsche bis zu 200 cm Höhe.

'Reine des Violettes': Eine violettpurpurfarbene Blüte gab dieser Rose den Namen. Sie ist dicht gefüllt, flach, geviertelt, die Petalen verblassen zur Mitte hin etwas. Gut duftend und remontierend. Kräftiger Wuchs an beinahe stachellosen Zweigen. Weitgehend frosthart. Verlangt guten Boden.

Alte Rosen in neuen Gärten

Gestaltungsvorschläge

Zu Recht werden Sie jetzt sagen, Rosen bräuchten keine besonderen Gestaltungshinweise. Sie stehen so souverän in jedem Garten und sind auf derlei Hilfsmittel nicht angewiesen. Da stimme ich völlig mit Ihnen überein, und doch glaube ich, daß durch die geschickte Hand des Gartenbesitzers dieses kleine Paradies noch verschönert werden kann. Pflanzen können sich durchaus in ihrer Attraktivität unterstützen, können aber auch durch unglückliche Kombinationen in ihrer Wirkung beeinträchtigt werden.

Ein Garten ist ja ein komplexer Raum, der von vielen Einflüssen mit bestimmt wird, wobei selbst die äußere Umgebung eine Rolle spielt. Für einen ländlichen Garten gelten andere Kriterien als für einen kleinen Stadtgarten oder Gartenhof. Wie oft und wann der Garten besucht wird, ob er praktisch sein soll oder ob man seine gesamte Freizeit für dieses Hobby opfert, all dies gilt es zu berücksichtigen. In einer Zeit, die zunehmend von Automatisierung geprägt ist, gewinnt solch ein Raum, den man persönlich gestalten kann, immer mehr an Bedeutung. Er wird zur Oase der Entspannung und bringt Freude. »Alte« Rosen könnten beispielsweise solch einen Garten zieren. Die Art und Weise, wie diese Blumen wachsen, ihre Farben und ihr Duft, bieten unerschöpfliche Gestaltungsmöglichkeiten. Welche Form und Größe Ihr Garten auch hat, für eine Rose finden Sie bestimmt immer einen Platz. Ein Rosenstrauch – eine dieser zauberhaften Centifolien oder Bourbon-Rosen zum Beispiel –, der im Sommer übersät ist mit duftenden Blüten könnte das besondere Schmuckstück Ihres Gartens werden.

Mag sein, daß der Gedanke eines »Rosenstrauches« für Sie neu ist. Für viele Gartenfreunde sind Rosen heutzutage gleichbedeutend mit einem Beet Polyantha-Rosen oder moderner Teehybriden, oftmals in Reih und Glied nebeneinander gepflanzt und die meiste Zeit des Jahres bis auf wenige Triebe zurückgeschnitten. Ein recht trauriger Anblick und so gar nicht der Königin der Blumen entsprechend. Wie elegant und eben königlich wirken dagegen die »Alten« Rosen. Sie sind souveräne Erscheinungen, die sich aber trotzdem in jeden Garten ideal einfügen. Als lockere Pflanzung in einer Gruppe, wenn es sich um niedrig wachsende Sorten handelt, oder zu zweit oder zu dritt bei den kräftigeren Sorten. In einem kleinen Garten, wenn nur für eine Rose Platz ist, könnte sie gleichzeitig zum Höhepunkt und Inbegriff des Sommers werden.

Mit Kletterrosen, sei es als Bogen oder an einer Pergola, eventuell auch in einen Baum rankend, ließe sich das Sortiment erweitern. Die klassische Rosenanlage mit Hochstammrosen, denn auch in dieser Wuchsform sind sie erhältlich, verlangt jedoch das entsprechende Umfeld und sorgfältige Pflege. Am besten jedoch vermittelt die Strauchform den

Eine Reihe von Rosen (von oben nach unten): 'Mme. Ernest Calvat', 'Félicité Parmentier', 'Gloire de Dijon', Rosa × alba 'Semiplena'.

Charakter dieser Rosen: Stolz und aufrecht wie bei den Alba-Rosen, beschwingt wie bei den Damaszener-Rosen oder kräftig und sogar als Hecke geeignet wie bei den Gallica-Rosen.

Neben ihrer Form spielt natürlich die Farbe der Rosen bei der Gestaltung eines Gartens eine große Rolle. Keine andere Blume bietet solch eine Vielfalt und solch einen Nuancenreichtum wie die Rose. Bedauerlicherweise wurde aber gerade dieses so reizvolle Attribut bei den modernen Sorten häufig weggezüchtet. Die Farben der Rosen wurden immer greller und aufdringlicher und ihr Charme ging nach und nach verloren. Und ehrlich gesagt, wem ist heute beim Anblick hochgezüchteter langstieliger Treibhausrosen noch romantisch zumute? Aber wurden Rosen nicht gerade wegen ihrer wunderbaren, duftenden Blüten als »Königin der Blumen« bezeichnet? Dem Zauber Alter Gartenrosen hingegen wird sich selbst der unromantischste Betrachter nicht entziehen können. Es sind vor allem die unendlich vielen Schattierungen der Rosa- und Rottöne, die zusammen mit der Blütenform das Besondere dieser Rosen ausmachen. Auch die Nuancen von Weiß, zartem Muschelrosa oder die dunklen Violett- und Purpurtöne in immer wieder anderen Kombinationen bieten, harmonisch aufeinander abgestimmt, immer wieder überraschende Effekte, die durch die Blätter noch gesteigert werden.

Bei der farblichen Gestaltung des Rosengartens braucht man also nur »Mutter Natur« ein wenig auf die Finger zu schauen und sich nach dem meist perfekten Vorbild zu orientieren. So haben zum Beispiel zartrosafarbene Rosen fast immer graugrünes Laub im Gegensatz zu den dunkleren Rosa- und Rottönen der Gallica-Rosen oder der Zentifolien, deren gelblichgrüne oder dunkelgrüne Blätter diese

Von oben nach unten:
'Petite Hollande', 'Mme. Isaac Pereire', 'Eugene Fürst', 'Tuscany Superb',

'Jsphahan' (rechts unten) und 'Coupe d'Hebe' (rechts oben).

kräftigen Töne ideal ergänzen. Alle Farben werden natürlich auch von der Umgebung beeinflußt. So wirken helle Rosatöne vor dem Hintergrund einer Natursteinmauer zwar sehr beruhigend, aber solch eine Farbkombination sieht manchmal auch etwas fad aus, wenn man nicht ein kräftiges Rosa daneben setzt. Ähnliches gilt auch für zartrosafarbene Rosen, die in grellem Sonnenlicht allzu blaß wirken. Das sanfte Rosa einer 'Great Maiden's Blush' oder einer 'Félicité Parmentier'

'Blush Damask', ein »Muß« in einem rosaroten Garten.

wirkt viel interessanter neben einer Rose in dem dunkleren Ton einer 'Königin von Dänemark' oder 'Marie Louise' zum Beispiel. Hübsch sehen Rosatöne auch aus, wenn man sie zu grau- oder silbriglaubigen Pflanzen oder zu Weiß gruppiert. All diese blassen Farben erscheinen neben Weiß kräftiger und frischer. Zartes Violett, wie es bei den Alten Rosen häufig vorkommt, kann mit purpurnem Laub farblich unterstützt werden. Die Gallica-Rosen bieten dazu einen Reichtum dieser Töne in allen Schattierungen. Sie sehen wiederum am besten an einem sonnigen Platz aus. Eine Komplementärfarbe, in diesem Fall ein zartes Lindgrün, gäbe solch einer Pflanzung einen besonderen Reiz.

Für die kräftigen Rottöne ist es manchmal schwierig, sich harmonisch einzufügen. Purpur- oder bronzefarbenes Laubwerk als benachbarte Farbe schafft eine gute Verbindung. Ganz Mutige unter Ihnen pflanzen vielleicht bewußt einen Kontrast. Elfenbeinfarben oder ein sehr helles Gelb böte sich dazu an. Die Wirkung der meist samtigen roten Blüten wird dadurch gesteigert.

Eine Farbe, die, wenn man's genau nimmt, nicht als Farbe zählt, ist Weiß. In jüngster Zeit sehr in Mode gekommen, ist diese »Farbe« bei den Alten Rosen schon »uralt«. Weiße Blüten sind jedoch selten wirklich reinweiß. Das gilt auch für Rosen. Häufig sind sie rosa oder rahmfarben überhaucht und bilden dann einen hübschen Übergang zu anderen Blütenfarben. Je nachdem wie die Farbe Weiß nun eingesetzt wird, gewinnt die Rosenblüte an Struktur oder verliert sich im Meer der anderen Blüten. Am attraktivsten wirken weiße Rosen vor einem dunklen Hintergrund. Die Textur der einzelnen Blüte wird dadurch hervorgehoben. Die Schönheit der dichtgefüllten Blüten einer 'Mme. Hardy' oder einer 'Armide' oder die strahlend weißen halbgefüllten Blüten der Alba-Rose 'Semiplena' kommen vor einer dunkelgrünen Liguster- oder Buchshecke erst richtig zur Geltung. Wer eine Fichte oder Kiefer in seinem Garten hat, könnte eine 'Mme. Plantier' in ihre Äste ranken lassen. Die Zweige dieser weißen Rose klettern bis zu einer Höhe von 3 m, um dann kaskadenartig herabzufallen. Ein wahrhaft königlicher Schmuck für solches Nadelgehölz.

Weiß ist aber auch die einzige Farbe, die in der Dämmerung noch lange zu erkennen ist, wenn andere Farben schon nicht mehr wahrnehmbar sind. Ein Grund, der mich zum Beispiel dazu bewogen hat, eine weiße Rose ins Blickfeld der Terrasse zu pflanzen. Einen ganz anderen Charakter erhalten weiße Rosen inmitten graulaubiger Pflanzen. Der Garten wirkt dann sanfter und duftiger. Rosen mit überhängenden Zweigen sind für solch eine Pflanzengemeinschaft besonders schön.

Wenn Sie Ihren Garten jedoch in Ihrer Lieblingsfarbe »ausmalen« möchten, erleichtert Ihnen die kleine Zusammenstellung nach Farben, die auch nach der Blütezeit geordnet ist, vielleicht die Auswahl ein wenig und gibt Ihnen nochmals ein Bild der verschiedenen Rosensorten. Beginnen möchte ich mit Rosenrosa, die so typische Farbe für Alte Gartenrosen.

Rosarote Rosen

'Belle Isis', eine zartrosa Gallica-Rose, ist in ihrer Schönheit so überzeugend, daß sie den Reigen eröffnen soll. An ihrer Seite, nicht weniger schön, aber mit nur halbgefüllten Blüten ganz anders im Aussehen, ist die sanft rosafarbene Alba-Rose 'Céleste'. 'Blush Hip' ebenfalls eine Alba-Rose mit einer kirschroten Knospe und sehr dicht gefüllten, duftenden lilarosa Blüten, wäre eine hübsche Ergänzung. Sie ist kletternd im Wuchs,

'Belle Isis', die schöne zartrosa Gallica-Rose.

kann aber auch als überhängender Strauch gezogen werden. In einem rosaroten Garten dürfen natürlich auch die Zentifolien und Damaszener-Rosen nicht fehlen. Letztere verleihen durch die Transparenz ihrer Blüten dem Rosengarten einen besonderen Reiz. 'Blush damask' ist eine schwachwüchsige Rose, die im Sommer ihre kleinen lilaroten Blüten in üppiger Fülle zeigt. Das Gegenstück dazu wäre die Damaszener-Rose 'Ispahan'. Sie wächst kräftig, hat mittelgroße, malvenrosa Blüten und sieht in einer Pflanzung mit verschiedenen Rosatönen schön aus – eine duftende Rose, an der man lange eine Freude haben kann. Zartrosa sind die großen, locker gefüllten Blüten von 'Celsiana'. Die Blüten dieser Damaszener-Rose sind beinahe durchscheinend und sehen aus wie zerknitterte feinste Seide. Sie ist eine sehr alte Sorte, die auch schon in Malmaison blühte.

Auch unter den Zentifolien gibt es für einen rosa Garten eine reichliche Auswahl. 'Rose des Peintres', die berühmteste Vertreterin dieser Gruppe, ist mit ihren silbrig rosafarbenen Blütenbüscheln beinahe ein Muß.

'Tour de Malakoff' ist eine großblumige, gut duftende Zentifolie mit üppiger Blüte in purpurrosa. Ihre langen Triebe brauchen etwas Halt. Eine recht »bucklige« Zentifolie ist noch erwähnenswert: 'Bullata'. Ihr Kennzeichen sind die anfangs rotbraunen, später bronzegetönten, runzeligen Blätter. Die Blütenfarbe ist rosa und wird nach außenhin silbrig. Für Gartenbesitzer, die Ausgefallenes lieben, ist die Zentifolie 'Cristata' auch 'Chapeau de Napoléon' genannt, genau das Richtige. Sie ist eine rosarote Schönheit mit dichtbemoosten Blütenkelchen und dies, obwohl sie kei-

Die Blüten der Centifolie 'Robert le Diable' kommen bei Sonne am besten zur Geltung.

ne Moosrose ist. In einem kleinen Garten könnte das würzig duftende Burgunderröschen 'Pompon de Bourgogne' blühen. Ein Miniaturröschen mit kleinen centifolienartigen Blüten in zartem, leicht lila angehauchtem Rosarot.

Unter den so beliebten Moosrosen ist das Angebot so groß, daß die Auswahl hier wirklich schwer fällt. Meine Zusammenstellung ist deshalb sehr subjektiv. Eine dieser zauberhaften Gewächse ist 'Général Kléber'. Ihre Blüten in klassischem Rosa sehen aus, als ob sie in Wellen gelegt wären. Eine leicht duftende Rose mit gut bemoosten Blütenkelchen. Eine der reizendsten Moosröschen ist *Centifolia* 'Muscosa', die älteste aller Moosrosen. Ihre dicht gefüllten Blüten harmonieren wunderbar mit den gut bemoosten Knospen und Stielen. Auch 'Comtesse de Murinais' trägt hübsche rosafarbene, gut bemooste Blüten, die schon sehr früh erscheinen.

Im Spätsommer könnten die lila-purpurnen Blüten von 'Robert le Diable' in einem rosaroten Garten noch einen prachtvollen Anblick bieten. Diese Zentifolie ist eine Sonnenanbeterin, die sich gern an eine warme niedrige Mauer anlehnt und dort ihre Blüten wirkungsvoll zur Schau stellt.

Sind die Zentifolien und die Moosrosen verblüht, so könnten die bezaubernden China-Rosen die Rosenblüte fortsetzen. Die lilarosafarbene 'Hermosa', deren Blüten bis zum Herbst erscheinen, ist auch als Topfpflanze gut geeignet. Auch 'Old Blush', die ganz alte China-Rose bildet einen wunderbaren Schmuck für einen rosa Garten, wenn man sie an einer Mauer ziehen kann.

Ergänzen könnte man noch mit der kleinen, karmesinrosa blühenden 'Fellemberg', einer sehr anpassungsfähigen Rose, die selbst im Schatten noch gut blüht.

Ab Mitte August, wenn der Sommer zur Neige geht und der Blütenflor der Gehölze nachläßt, kann mit den spätblühenden Rosen die schöne Jahreszeit zumindest optisch noch verlängert werden. Vor allem sind es die Bourbon-Rosen und die herbstblühenden Damaszener-Rosen, die uns mit ihren Blüten oftmals bis Weihnachten hin erfreuen. Die Damaszener-Rosen beschreibe ich beim Thema Duft ausführlich. Die Bourbon-Rosen blühen zwar beinahe den ganzen Sommer, erreichen ihren Höhepunkt jedoch im Herbst. Die berühmteste und zugleich schönste Bourbon-Rose ist 'Souvenir de la Malmaison', jene Rose, die in Erinnerung an das Schloß der Kaiserin Josephine ihren Namen erhielt. Ihre Blüte wird zu den schönsten Rosenblüten gezählt, vergleichbar nur mit 'Gloire de Dijon'. Die Farbe ist ein blasses kühles Rosa, das zur Mitte hin in Muschelrosa übergeht. Die Blüte ist sehr dicht gefüllt. Die Petalen sind seidenmatt und wie Rüschen im Fünfstern angeordnet.

Sehr dicht gefüllt und gut duftende Blüten hat auch 'Louise Odier', eine hellrosarote Bourbon-Rose mit überhängendem Wuchs. Die Blüten von 'Coupe d'Hebe' sind becherförmig dunkelrosa und erscheinen büschelweise.

'Assemblage de Beauté', eine Gallica-Rose mit gewellten Blüten.

Rote Rosen
Liebhaber kräftiger Farben werden ihre Favoriten wahrscheinlich unter den Gallica-Rosen finden. Diese Gruppe bietet dunkle Rosa-Töne bis hin zu Purpurkarminrot und samtigen, violetten Rottönen. Eine der schönsten unter ihnen ist 'Duc de Guiche'. Ihre Blüten sind sehr ebenmäßig, karmesinrot, an einem sonnigen Platz purpurn schattiert. Apart ist auch 'Cosimo Ridolfi', eine Gallica-Rose mit gut gefüllten, becherförmigen Blüten in dunklem Violettrosa. Eine wunderschöne Rose mit dunklen purpurfarbenen Blüten ist 'Cardinal de Richelieu', eine der berühmtesten Alten Gartenrosen. Sehr dunkle samtige Blüten trägt die halbgefüllte Samtrose 'Tuscany'. Beide verlangen aber nach einer Nachbarschaftspflanze in einem helleren Ton, wodurch das samtige Dunkelrot der Blütenblätter verstärkt wird.

Eine stachelige Schönheit ist 'Henri Martin', eine leuchtend dunkel karminrote Moosrose mit locker gefüllten Blüten, die sehr gut duften. Je nach Temperatur unterschiedlich zeigen sich die Blüten der Moosrose 'Captain John Ingram'. Ihre pomponartigen Blüten öffnen sich zuerst tief karmesinrot mit purpurnen Schattierungen. Nach und nach verändert sich ihre Farbe zu einem weichen lilagetönten Purpur. Neben 'Nuits de Young' ist sie die dunkelste aller Moosrosen.

Wegen ihres kletternden Wuchses ist 'William Lobb' für einen Garten in Rot und Purpurtönen noch sehr interessant. Ihre karmin-purpurroten Blüten, die schließlich mauvefarben-lila verblühen, wirken vor einer grauen Natursteinmauer, an der diese Rose bis zu 3 m hoch klettern kann, am attraktivsten. Diese Moosrose blüht im Hochsommer.

Samtrot mit großen, dicht gefüllten Blumen blüht die Remontant-Rose 'Eugène Fürst'. Die wie Rüschen aussehenden Blütenblätter rollen sich nach außen und lassen die gelben Staubgefäße sichtbar werden. Zuletzt noch eine dunkelrote Bourbon-Rose, die allein schon wegen ihrer großen Winterhärte interessant ist. Die attraktiven, großen, gefüllten Blüten dieser Rose sind dunkelkarminrot und verändern sich zu Purpur. 'Zigeunerknabe' wurde sie genannt und mit ihrer üppigen Blütenfülle macht sie ihrem Namen alle Ehre.

Weiße Rosen
Nicht jeder hat gern so kräftige Farben und besonders wenn der Garten eher klein ist, muß man damit auch zurückhaltend umgehen.

Weiße Rosen hingegen machen es dem Gartenbesitzer leichter. Sie fügen sich überall ein und wirken erfrischend und elegant.

Kaum eine andere Rose kommt diesem Symbol so nahe wie die halb gefüllte Alba-Rose 'Semiplena'. Sie zählt zu den ältesten Gartenrosen und ihre gut duftenden Blüten sind in ihrem reinen Weiß kaum zu übertreffen. Auch ihre Schwester 'Suaveolens' mit ihren halbgefüllten süß duftenden Blüten ist von edler Gestalt. Sie schmückt den sommerlichen Garten mit besonders üppiger Blüte.

Zwei wunderbare Rosen sind 'Armide', eine Kreuzung aus einer Damaszener-Rose und einer China-Rose, die 1847 in Frankreich entstand. Sie trägt dicht gefüllte weiße Blüten mit grünem Knopfauge. Ihre Blüten erscheinen im Sommer und Herbst. Die zweite ist 'Mme. Legas de St. Germain', eine hochwüchsige beinahe stachellose Alba-Rose mit elfenbeinweißen dicht gefüllten duftenden Blüten.

Hübsch für einen kleinen Garten ist das Pompon-Röschen 'Pompon de Bourgogne'.

'Mme. Plantier' ist ebenfalls eine Alba-Rose. Allerdings ist sie von ganz anderem Charakter. Sie hat in ihrem Stammbaum eine Moschusrose und dies zeigt sich in ihrem hohen Wuchs und in ihren süß duftenden Blüten. Man kann sie hochleiten oder ihre schwingenden Zweige überfallen lassen. In beiden Fällen ist sie durch ihre Blütenfülle ein prachtvoller Anblick. Unerreicht in Schönheit und Form ist die weiße Damaszener-Rose 'Mme. Hardy', ein wirklich königlicher Schmuck für einen weißen Garten. Ein bezauberndes Röschen für einen kleinen Garten ist 'Little White Pet'. Sie stammt aus China, ist sehr widerstandsfähig, gut remontierend und ihre weißen Blütenbüschel eignen sich zudem gut für den Schnitt.

Haben Sie eine Schwäche für Moosrosen, dann darf eine weißblühende auf keinen Fall fehlen. 'Blanche Moreau' zum Beispiel. Sie wächst bis zu 2 m und trägt hübsch bemooste Knospen und cremeweiße Blüten. Auch unter den Bourbon-Rosen gibt es weiße Rosen. Einige der attraktivsten möchte ich Ihnen hier nennen. 'Boule de Neige', deren rahmweiße, ballförmige Blüten gut gefüllt sind und hervorragend duften und 'Kronprinzessin Viktoria', deren Blüten jenen ihrer berühmten Schwester 'Souvenir de la Malmaison' sehr ähnlich sind. Der kleine Unterschied: Die duftenden, rahmweißen Blüten schimmern im Inneren leicht zitronengelb, weshalb diese Rose auch "Gelbe Malmaison" genannt wird.

'Souvenir de Sainte Anne', ein junges Kind einer alten Rose. Ein Sport von 'Souvenir de la Malmaison'.

'Mme. Hardy' ist eine weiße Damaszener-Rose, mit wunderbarem Duft und gut sichtbarem Knopfauge.

Teerosen

In einem Rosengarten, wie auch immer er farblich konzipiert ist, dürfen natürlich die kostbaren Teerosen nicht fehlen. Sie bringen eine kontinuierliche Blüte während des ganzen Sommers und sind etwas Einmaliges, was Farbe und Duft angeht. Und obwohl sie bis auf eine nicht winterfest sind, möchte ich Ihnen diese Rosen doch ans Herz legen. Allen voran 'Gloire de Dijon'.

Fachleute bezeichnen sie als eine der schönsten Rosen überhaupt. Sie blüht mit großen gefüllten Blumen, deren Farbe sehr variabel sein kann. Mal ist sie rahmweiß, ein anderes Mal zartgelb mit rosa Schimmer. Immer elegant und schön. Ihr Wuchs ist kletternd, sie kann, wenn ihr der Standort gefällt, bis zu 350 cm hoch werden. Sie ist die einzig winterfeste Teerose.

'Marie van Houtte' ist vielleicht die robusteste Teerose. Ihre langen Triebe sind kräftig, das Laub etwas derb. Die cremegelben, rosaüberlaufenen Blüten sind groß, schön in der Form und gut gefüllt. Wunderbarer Teerosenduft.

Ausgefallen sind die Farben der Blüten von 'Safrano'. Aprikosengelb, das im Verblühen heller wird. Die Blüten sind gut duftend und locker gefüllt. Eine starkwüchsige Rose, die jedoch frostempfindlich ist. Wenn Sie viel Platz im Garten haben und mittlerweile zum begeisterten Rosensammler geworden sind, so können sie diese Auswahl noch mit den Noisette-Rosen ergänzen. Sie sind allerdings nicht frostbeständig und müssen den Winter im Kalthaus verbringen. Ihre traumhaften Farbschattierungen entschädigen aber für die Mühe, die ihre Pflege mit sich bringt. Am wenigsten empfindlich ist noch 'William Allen Richardson', eine Noisette-Rose mit pfirsichfarbenen Blüten, die gut gefüllt sind und köstlich duften.

Ein Duftgarten aus Rosen

Ein ganz anderer Grund Rosen in seinen Garten zu pflanzen, ist in den letzten Jahren immer mehr in Vergessenheit geraten: der Duft. Dabei ist er aufs engste mit der Persönlichkeit der Rose verbunden, denn erst durch ihn wird sie vollkommen. Moderne Rosen duften jedoch nur noch selten und viele Rosenfreunde kennen deshalb den betörenden Duft dieser Blumen gar nicht mehr. Duft aber ist etwas, das Wohlbefinden und angenehme Entspannung in uns erzeugt und in jüngster Zeit erinnert man sich auch wieder daran, daß man sich durch das »Wegzüchten« des Duftes – meist zu Gunsten größerer Blüten – nicht unbedingt einen Gefallen getan hat.

Denn schnuppern wir nicht instinktiv an jeder Blüte und freuen uns, wenn sie duftet? Die Verbindung Blüte und Duft ist uralt und spricht den Menschen in seinem tiefsten Inneren an. Duft wurde seit Menschengedenken immer schon mit Mystik und Magie in Verbindung gebracht und gerade in unseren Tagen interessieren sich wieder sehr viele Menschen für Dufttherapien. Sie wirken heilend und sind Balsam für die Seele. Düfte wahrzunehmen ist ein Geschenk der Natur, etwas sehr Persönliches und bedauerlicherweise auch nicht jedem Menschen gegeben. Auch empfinden nicht alle Menschen Düfte gleich stark oder gleich angenehm und ganz zarte Düfte werden manchmal gar nicht wahrgenommen.

Die Ölrose.

Die Verschiedenartigkeit der Düfte ist sehr groß. Wissenschaftler befassen sich mit ihrer Klassifizierung und analysieren die Bestandteile. Die Rosen spielen dabei eine sehr wichtige Rolle. Sie zählen zur Gruppe der Blütendüfte und gaben einem dieser »Duftkomplexe« den Namen. Man spricht von Rosenduft und hat damit eine klare Beschreibung einer Duftnote für eine bestimmte Blüte. (Rosenpelargonie beispielsweise). Die Rosen selbst duften sehr unterschiedlich, sie beinhalten sehr verschiedene ätherische Öle, die im einzelnen nur Duftexperten »erschnuppern« können. Bis zu 25 verschiedene Nuancen fand der amerikanische Forscher N. F. Miller in einer Studie. Süß ist also nicht gleich süß, und Duft läßt sich daher kaum in Worte fassen. Trotzdem habe ich versucht, Ihnen die Alten Gartenrosen mit dem besten Duft vorzustellen. Seinen Lieblingsduft muß dann jeder selbst herausfinden, wobei ich noch ergänzen möchte, daß der Duft frühmorgens am intensivsten ist, die ätherischen Öle verflüchtigen sich nämlich mit zunehmender Tagestemperatur und bereits gegen Mittag ist der Ölgehalt um 30 Prozent gesunken. Frühaufsteher können diesen Vorteil genießen und sich an einem schönen Sommermorgen zum Beispiel an dem köstlichen zarten Duft der Alba-Rosen erfreuen. Die intensiveren, würzigen Düfte der Damaszener-Rosen, der Zentifolien oder der Gallica-Rosen, sind auch in den späteren Stunden des Tages noch wahrnehmbar. Ein Trost für all jene, die den Rosenduft lieber an einem warmen Sommerabend genießen. In der folgenden kurzen Zusammenfassung finden bestimmt auch Sie Ihren Lieblingsduft.

Die bemooste Mutation der 'Rose des Quatre Saisons'.

Mit den Damaszener-Rosen, die in puncto Duft an vorderster Stelle stehen, möchte ich beginnen. Ihr herb-süßer Duft vermittelt so ein klein wenig einen Hauch von 1001 Nacht. 'Trigintipetala', die Ölrose von Kazanlik ist eine dieser berühmten Sorten. Sehr gut duftende Damaszener-Rosen sind die dunkel-karminrosa blühende 'Marie Louise', eine Rose aus Malmaison und 'Gloire de Guilan', eine Rose mit sehr dicht gefüllten Blüten in klarem Rosa. Auch 'Leda', eine weiße Damaszener-Rose mit karminrot umrandeten Blüten hat den starken typischen Duft dieser Rosen. Unter den zweimal blühenden Damaszener-Rosen sind jene berühmten Rosen wie 'Rose de Quatre Saisons', die Paestum Rose und deren weiße bemooste Mutation 'Rose des Quatre Saisons Blanc Mousseux' die mit dem besten Duft. 'Rose de Resht', die kirsch-purpurrote Rose dieser Gruppe mit einer rosettenförmigen Blüte kann mit ihrem herb-süßen Duft auch noch dazugezählt werden.

Unter den Zentifolien gibt es ebenfalls einige sehr gut duftende Rosen und einige von ihnen werden heute in Südfrankreich in größeren Kulturen angepflanzt, um daraus die Grundstoffe für die Parfümherstellung zu gewinnen. Centifolia 'Major' hat solch einen typischen würzigen Zentifolienduft. Ebenso Centifolia 'Minima', eine stark gefüllte Rose mit dunkelrosafarbenen ballförmigen Blüten. Bei 'Cristata', der bemoosten Zentifolie duften sowohl Blüten wie auch die Blätter und Blütenkelche sehr intensiv. Der Duft von 'Fantin

'Great Western', auch diese Bourbon-Rose duftet sehr gut.

Eine Damaszener-Rose mit großen, hübsch geformten Blüten ist 'La Ville de Bruxelles'.

Latour', der wunderschönen zartrosa Zentifolie ist herb und nicht ganz so stark. Von den anfangs erwähnten Alba-Rosen duften vor allem 'Semiplena', die einfachblühende Alba-Rose und 'Félicité Parmentier' intensiv. Aber auch 'Mme. Plantier' mit einem herbsüßem Duft und 'Belle Amour', deren Blüten etwas nach Anis riechen, gehören zu den duftenden Alba-Rosen.

Mit dem spätsommerlichen Duft der Bourbon-Rosen geht der Reigen der Wohlgerüche zu Ende. 'Mme. Isaac Pereire' berauscht noch einmal mit ihren kräftigen dicht gefüllten Blüten. Sie ist für viele die Rose mit dem intensivsten Duft. Ähnlich stark, weil ein »Sport« von 'Mme. Isaac Pereire' duftet 'Mme. Ernest Calvat', eine berühmte Alte Sorte mit zur Mitte hin dunkler werdenden hellrosa Blüten. Süß und intensiv duftend sind auch 'Great Western', 'Prince Charles', 'Kathleen Harrop' und 'Bourbon Queen'. Teerosen und Noisette-Rosen sind in ihrer Duftnote etwas sanfter, manchmal fruchtig oder mit einem leichten Hauch von Zitrone. Typischen Teerosenduft haben 'Souvenir de la Malmaison', obwohl sie eigentlich eine Bourbon-Rose ist, 'Gloire de Dijon' und 'Niphetos'. Unter den Noisette-Rosen sind die gelbe 'Desprez à fleurs jaunes' und 'Mme. Alfred Carrière' herausragend.

Für all jene, die neben den Düften auch die Köstlichkeiten lieben, last but not least die Gallica-Rosen. Allen voran *Gallica* var. *officinalis*, die Apothekerrose, deren Duft auch in den getrockneten Blütenblättern anhält, gefolgt von 'Conditorium', ein Muß für Naschkatzen. Andere Gallica-Rosen mit starkem Duft sind 'Belle Isis', die schöne blaßrosa Gallica-Rose. Auch 'Aimable Rouge', 'Charles de Mills' und 'Cardinal de Richelieu' gehören zu den besonders wohlriechenden Rosen.

Abschließend wäre noch zu sagen, daß die Intensität eines Duftes auch von den äußeren Umständen abhängig ist. Klima, Boden und nicht zuletzt auch die Pflege sind für die Duftqualität ausschlaggebend.

Rosen und Stauden

Jeder Staudenliebhaber wird verstehen, daß dieses Kapitel so umfangreich ist, daß es im Rahmen dieses Buches eingegrenzt werden muß. Ich habe daher versucht, mich auf wenige Stauden zu beschränken und solche ausgewählt, die sich gut mit anderen Pflanzen kombinieren lassen und die in einem bestimmten Farbbereich gut miteinander harmonieren, wobei die Rosen natürlich »tonangebend« sind. Mit ihren rosa- und purpurgetönten Blüten vermitteln sie schon von sich aus eine bestimmte Stimmung, die durch passende Stauden aus einem angrenzendem Farbbereich unterstützt werden könnten.

'Königin von Dänemark' mit einer Unterpflanzung aus *Geranium* 'Johnson Blue'.

Ich möchte also bei den rosa, violett und purpurnen Farbtönen bleiben und sie nur mit Weiß und einem sehr zarten Lindgrün beziehungsweise grünlichen Gelb ergänzen, um das Bild abzurunden.

Die Natur hat es glücklicherweise so eingerichtet, daß zur Zeit der Rosenblüte im Juni und Juli auch ein Großteil der Stauden sich in ihrem schönsten Kleid zeigen. Es steht deshalb ein großes Angebot zur Verfügung. Dies bedeutet aber wiederum, daß man Schwerpunkte schaffen muß, weil wohl kaum alle verfügbaren Stauden im Garten Platz fänden und dies auch nicht erstrebenswert wäre. Unter dem Motto »Weniger ist mehr« ist es besser, einige Wochen im Jahr eine Fülle von Blüten betrachten zu können als den ganzen Sommer überall verteilt vereinzelt ein paar Blüten. Übrigens ist dies eines der Rezepte der so oft bewunderten Üppigkeit englischer Staudenrabatten. Der bei uns so oft gehörte Satz »bei uns wächst dies alles nicht« gilt nicht mehr.

Will man nun Rosen und Stauden zusammenpflanzen, sollte man die Ansprüche beider beachten. Die best geplante Rabatte mißlingt, wenn man die Wünsche der Pflanzen nicht beachtet. Rosen verlangen einen sonnigen Platz und einen schweren, lehmigen und etwas kalkhaltigen Boden. Alle Stauden, die die gleichen Ansprüche stellen, bilden – vereinfacht gesagt – eine gute Gemeinschaft. Dies ist ein sehr einfacher Grundsatz, der aber meist vergessen wird, weil man irgendeine Pflanze partout haben möchte und diese dann häufig an einem unliebsamen Platz ein kümmerliches Dasein fristet.

Für eine Nachbarschaft zu Rosen eignen sich Stauden, die ebenfalls die Sonne mögen und zumindest ähnliche Bodenansprüche stellen. Zuviel Nässe ist den Rosen unangenehm. Eher vertragen sie sommerliche Trokkenheit als ein Zuviel an Feuchtigkeit. Moorbeetpflanzen und Stauden, die gut durchlässige Böden brauchen, scheiden für eine Gemeinschaft mit Rosen aus. In den meisten Fällen sind die Stauden jedoch bereits vorhanden, wenn man sich zum Kauf einer Alten Rose entschließt. Dann gilt es nur noch, die Farbe und das Bild dieser Gruppe zu bestimmen. Zugegeben – es ist nicht ganz einfach, aber mit ein paar Tips und Tricks läßt sich auch dieses Problem mühelos meistern. Wie schon eingangs erwähnt, ist die Zusammenstellung verschiedener Pflanzen immer am harmonischsten und oftmals auch am wirkungsvollsten, wenn die Töne aus dem angrenzenden Bereich kommen. Zwar können Kontraste ebenso wirkungsvoll

Das bläuliche Rosa der Bourbon-Rose 'Souvenir de Mme. A. Charles' wird durch die blaue Katzenminze *(Nepeta × fassenii)* unterstützt.

sein, wollen jedoch gekonnt eingesetzt sein, um nicht grell und unruhig auf das Auge zu wirken.

Zu den Alten Gartenrosen mit ihren zahlreichen Rosa-, Violett-, Karminrot- und Purpurtönen sind die verwandten Farben, die als gemeinsamen Ton Blau beinhalten am idealsten. Sie verbinden gewissermaßen die verschiedenen Formen der Pflanzen miteinander und lassen sie zu einer gestalterischen Einheit werden. Pflanzen, die ihres Laubes wegen eingesetzt werden oder Gräser ergänzen diese Farbstimmung und lassen zum Beispiel dunkle Violett- und Purpurtöne leuchtender erscheinen. Mit einer Komplementärfarbe, in diesem Fall mit einem zarten Lindgrün oder blassem Gelb, können »müde« Violettöne ebenfalls aufgefrischt werden. Weiß in allen Schattierungen ist immer eine schöne Ergänzung.

Wenn man dieses Thema nun den Jahreszeiten entsprechend beginnen möchte, so bieten sich die Frühsommer-Stauden wunderbar an. Eine Gruppe aus blauen hohen Glockenblumen (*Campanula lactiflora*), wie sie in fast jedem Garten wachsen, ge-

'Celestial' blüht hier gemeinsam mit Frauenmantel (*Alchemilla mollis*).

'Alexandre Laquement', eine Gallica-Rose mit Wollziest im Vordergrund.

'Empress Josephine' und Fingerhut.

meinsam mit mittelhohen blauen Iris sind eine schöne Vordergrundbepflanzung für eine blaßrosa Rose wie 'Celestial' oder eine 'Kathleen Harrop'. Einen viel intensiveren Eindruck vermitteln die blauen *Geranium*-Stauden, die man wunderbar im Garten einsetzen kann, die aber leider viel zu wenig bekannt sind. Die Sorte 'Himalayense' ist violettblau mit einem purpurnem Auge. Eine Bourbon-Rose wie 'La Reine des Violettes' oder die Zentifolie 'Ombrée Parfaite', deren Blüten diesen Purpurton nuanciert wiederspiegeln, könnte ich mir schön dazu vorstellen. Auch 'Royale Marbrée', ebenfalls eine Gallica-Rose wäre eine schöne Kombination.

Ein ganz anderes Bild entsteht, wenn man die dicht gefüllte rosarote Alba-Rose 'Königin von Dänemark' mit niedrigen blauen Glockenblumen (*Campanula porschaskyana*) oder mit blauen *Geranium* 'Johnson Blue' unterpflanzt und eine weiß blühende Staude dazugesellt: zum Beispiel weißer Baldrian, mittelhohe weiße Iris oder auch eine weiße Glockenblume. Mit graulaubigem Gras kann diese Gruppe noch erweitert werden. Von dem schon zitiertem Geranium gibt es eine riesige Auswahl. *Geranium sanguineum* ist eine leuchtend karminrote Art, schön als Unterpflanzung für eine blaßrosa Rose. *Geranium psilostemon* ist eine dunkelrosafarbene Staude mit dunklem Auge, die gemeinsam mit der Moosrose 'Cristata' ein hübsches Bild darstellt.

Für einen kleinen Garten eignen sich Chinaröschen sehr gut. Eine hübsche Nachbarschaft zu diesen rosa oder weißen Röschen bilden niedrige Glockenblumen oder weiße oder rosarote zierliche Nelken. Katzenminze (*Nepeta × fassenii*) ist ebenfalls eine sehr vielseitig verwendbare Staude, die sich hervorragend für eine Gemeinschaft mit weißen oder rosafarbenen Rosen eignet. Es gibt unterschiedliche Wuchsformen der Katzenminze. Wenn man sich für eine hohe Form entscheidet, sollte die Rose nicht all zu überhängend im Wuchs sein. Überhaupt soll man bei Unterpflanzungen darauf achten, daß Rosen gern »ihre Beine besonnen lassen« – also die Stauden nicht allzu dicht darunter setzen. *Nepeta* ist auch eine schöne Begleitstaude für zartrosa Rosen wie 'Fantin Latour' oder 'Duchesse de Montebello'. Viele der violettrosa Rosen geben zusammen mit Schleierkraut und graulaubigen Artemisien ein sehr duftiges sommerliches Bild ab.

Die klassische Ergänzung zu Alten Rosen ist selbstverständlich Lavendel. Hierbei muß man nur auf die Sorte achten. Es gibt welche, die bis 1 m hoch werden und sich für eine Unterpflanzung nicht mehr eignen.

Das Heiligenkraut (*Santolina*) fügt sich ebenfalls gut in eine Rosenpflanzung, die dadurch einen etwas südlichen Touch bekommt. Ebenso schön sieht Salbei in Gemeinschaft mit Rosen aus. Die Sorte 'Ostfriesland' mit tief violettblauen Blüten im Juni paßt gut zu einer dunkel purpurnen Gallica-Rose oder zur Centifolie 'Paul Ricault'.

Eine sehr edle Pflanzengemeinschaft bilden weiße Madonnenlilien (*Lilium candidum*) und weiße Rosen, wobei die Lilien gerne einen etwas durchlässigen Boden möchten. In einem weißen Garten käme diese Gruppe, umgeben von weißen Glokkenblumen, weißem Rittersporn und duftigen Artemisien am besten zur Geltung.

Die Königslilie (*Lilium regale*) hingegen sieht in Gemeinschaft mit den dunkleren bräunlich karminroten Gallica-Rosen sehr attraktiv aus. Die dunkel getönten Knospen der Lilien sind vom gleichen Tonwert wie die Blüten von 'Tuscany' und wenn die Lilienblüten sich öffnen, bilden sie einen fantastischen Kontrast zu den samtigen Rosenblüten.

Zu den dunklen Purpurviolettfarben der Gallica-Rosen 'Charles de Mills' oder 'Cardinal de Richelieu' harmonieren purpurblaue Blüten am besten, eventuell ergänzt mit Pflanzen, die dunkles Laub tragen oder mit

'William Lobb', das Moosröschen, mit Zierlauch und einer graulaubigen Staude.

Zierlauch (*Allium*), der durch seine Struktur auflockernd wirkt. Diese sehr extravaganten Farben verlangen jedoch ein »Licht«. Eine benachbarte Pflanzung, zum Beispiel mit blaßgelben Frauenmantel (*Alchemilla mollis*), dessen Laub sehr zierend wirkt, ist hier wohltuend.

Eine sehr fröhliche Pflanzengemeinschaft möchte ich abschließend noch beschreiben: *Rosa* Mundi, die lustige rosa/weiß gestreifte Gallica-Rose, umgeben von weißen Glockenblumen und weißem Fingerhut im Hintergrund. Eine sehr heitere, sommerliche Bepflanzung.

Die Rosen/Staudengemeinschaft kann je nach Lust und Laune auch mit Einjahrespflanzen wunderbar ergänzt werden. Stiefmütterchen etwa, die viel zu schade sind, immer nur auf dem Friedhof gepflanzt zu werden oder weiße und rosarote Wicken, Lobelien und viele andere mehr.

Schließlich können Kletterrosen noch mit Clematis durchrankt werden, entweder so, daß sie zur gleichen Zeit blühen oder daß die Rose mit einer zweiten Blüte geschmückt wird.

'Rosa Mundi' in Gemeinschaft mit Penstemon und Lilien.

Praktische Rosenpflege

Praktische Rosenpflege

Was den Standort sowie die Pflanzung und die Pflege Alter Gartenrosen betrifft, so gelten im Prinzip die selben Regeln wie für moderne Hybriden.

Standort

Grundsätzlich verlangen Rosen einen freien, sonnigen Standort, der auch windig sein kann. Südlagen, beispielsweise an einer heißen Mauer oder einen Platz unter anderen, größeren Gehölzen, eignen sich für Rosen weniger gut, da sich an solchen exponierten Standorten Pilzkrankheiten bilden könnten.

Die verschiedenen Rosengruppen haben unterschiedliche Ansprüche. So vertragen die Bourbon-Rosen keine heißen Südlagen, während die Damaszener-Rosen einen warmen geschützten Platz bevorzugen. Die China- und Noisette-Rosen verlangen ebenfalls einen warmen Standort und benötigen zusätzlich auch noch Frostschutz. Alle anderen Rosen sind etwas weniger empfindlich und Alba-Rosen gedeihen sogar noch im Halbschatten.

Im Gegensatz zu den modernen Rosen beanspruchen die Alten Gartenrosen einen größeren Raum. Bei der Wahl des Standortes sollte man dies berücksichtigen.

Von einigen wenigen kletternden Sorten abgesehen, werden diese Rosen in Strauchform gezogen und in dieser Form sind sie sehr vielgestaltig. Hinzu kommt, daß man ihren Wuchs meist unterschätzt, denn sie wachsen kräftiger als die bekannten modernen Rosen. Da bei den Alten Rosen auch der jährliche Rückschnitt wegfällt, können sie ihre Lebensgeister ungehindert entfalten. Und dies tun sie auch, wenn man sie läßt. Sie werden dabei mit zunehmendem Alter immer schöner. Je nach Art oder Sorte ist der Platzbedarf eines Rosenstrauches etwas unterschiedlich. Hochwüchsige Alba-Rosen bleiben schlank und werden selten so breit wie hoch. Im Gegensatz dazu zeigen die südlichen Schönheiten wie Damaszener-Rosen eine recht üppige Fülle. Sie werden breiter als sie in der Höhe messen. Bei den buschig wachsenden Rosensorten halten sich Breite wie Höhe die Waage. Will man verschiedene Arten Alter Rosen auf eine bestimmte Fläche setzen, so ist ein ausreichender Pflanzabstand empfehlenswert, damit die Rosen ihre Schönheit, sei es die schlanke Eleganz oder das südliche Temperament mit den überhängenden Zweigen und mit ihrer Blütenfülle, am besten präsentieren können. Lediglich wenn man eine Hecke aus Alten Rosen zu setzen beabsichtigt, ist eine dichte Pflanzung empfehlenswert.

Bodenansprüche der alten Rosen
(eine kurze Zusammenfassung)

Gallica-Rosen	lockerer, aber fetter warmer Boden, im allgemeinen nicht sehr anspruchsvoll, wächst auch auf Sandboden.
Alba-Rosen	bevorzugen schweren lehmigen Boden, nicht anspruchsvoll.
Damaszener-Rosen Portland-Rosen	guter nahrhafter Boden und freie sonnige Lage.
Zentifolien	warme sonnige Lage und reichhaltiger Boden.
Bourbon-Rosen	lockerer, nahrhafter Boden, halbschattige Lage.
Noisette- und Teerosen	nahrhafter, nicht zu feuchter Boden und warme geschützte Lage, Frostschutz.
China-Rosen	lockere, reichhaltige Erde, nicht zu feuchter, sonniger Standort, Frostschutz.
Remontant-Rosen	guter nahrhafter Boden und sonnige Lage.

Was eingangs für den Standort gesagt wurde gilt auch für den Boden. Um jedes Jahr die so wünschenswerte üppige Blüte hervorzubringen, benötigen Rosen einen humusreichen Boden, der idealerweise lehmig, alkalisch (pH-Wert zwischen 6 und 7) und reich an Nährstoffen ist. Staunässe, wie sie bei Lehmböden vorkommen kann, wird von Rosen nur schlecht vertragen. Eine Dränage schafft hier Abhilfe.

Pflanzung

Die Pflanzung Alter Rosen gestaltet sich ähnlich wie bei modernen Rosen. Das Pflanzloch sollte ungefähr zwei Spaten tief sein. Bevor die Rose eingesetzt wird, gibt man etwas kalihaltigen Dünger in die Grube und vermengt diesen mit etwas Erde, da die Wurzeln keinen direkten Kontakt mit dem Dünger haben sollten. Die Rose wird nun so in das Pflanzloch gesetzt, daß sich die Wurzeln frei ausbreiten können und die Veredelungsstelle 5 cm unter der Erde liegt.

Danach wird mit Erde aufgefüllt,

Rosen lassen sich gut mit Stauden kombinieren. Hier eine Pflanzengemeinschaft mit Zierlauch.

'Mme. Ernest Calvat' wächst so üppig, daß ihre Zweige eine Stütze benötigen.

fest angedrückt und gut gewässert. Anschließend wird die Jungpflanze angehäufelt.

Pflege

Waren Standortwahl und Pflanzung ähnlich wie bei den modernen Rosen, so ist die Pflege der Alten Gartenrose bedeutend einfacher und viel weniger arbeitsaufwendig. Wenn Sie die jährliche Pflege moderner Rosen zu mühsam finden, dann möchte ich Ihnen diese Alten Rosen ans Herz legen. Nicht daß diese Rosen als »pflegeleicht« zu bezeichnen wären, aber sie sind, vorausgesetzt der Standort ist einigermaßen richtig, problemlos. Es sind meist gesunde, widerstandsfähi ge Pflanzen, die wenig krankheitsanfällig sind und – von Ausnahmen abgesehen – alle gut frostfest. Selbst den kalten Winter 1985/86 haben meine Alten Rosen ohne Schaden überstanden. Junge Pflanzen sollte man zusätzlich mit etwas Laub oder Reisig abdecken. Gelegentliches »Lüften« der Baumscheibe schätzen auch die Alten Gartenrosen und danken es mit reicher Blütenfülle. Wie andere Rosen benötigen auch die Alten Gartenrosen eine ausreichende Düngung zur Gesunderhaltung der Pflanze und um uns jedes Jahr eine üppige Blütenfülle zu schenken. Gut verrotteter Rindermist wäre ein idealer Dünger, ist aber leider nur selten verfügbar. Man kann sich mit anderen organischen Düngern behelfen. Wichtig ist, daß der Dünger einen ausreichenden Anteil an Kali enthält (1–0,5–1,5 wäre das ideale Verhältnis), chlorfrei ist und daß nach der Sommermitte keine Stickstoffdüngung mehr erfolgt. Eine Vorratsdüngung mit Kali hingegen wird von den Rosen auch im Sommer gut aufgenommen.

Rosenkrankheiten wie Mehltau, Rost und andere können natürlich auch bei den Alten Rosen vorkommen, sind aber relativ selten und deuten meist auf einen falschen Standort oder fehlerhafte Pflege hin. Nur wenn die biologischen Maßnahmen nicht mehr greifen, sollte man ausnahmsweise herkömmliche Pestizide verwenden.

Schnitt

Ob Alte Rosen geschnitten werden sollten oder besser nicht, hat schon manche Rosengärtner beschäftigt. Heute ist man sich darüber einig, daß die Alten Rosen als Blütensträucher betrachtet werden und beim Schnitt auch so behandelt werden sollen. Ein Schnitt ist, abgesehen vom Auslichten und Ausschneiden trockener Äste, nicht unbedingt erforderlich. Trotzdem kann man diese Rosen schneiden, um ihre Blühfreudigkeit zu verbessern und die Pflanze jung zu er-

halten. Da die Alten Rosen sich grundsätzlich voneinander unterscheiden, ist auch beim Schnitt ein differenziertes Vorgehen ratsam. Der Übersicht wegen gebe ich die Anleitungen dazu in Form einer Tabelle und beschreibe nur allgemeines vorab: Generell ist zu sagen, daß im 1. Jahr nach der Pflanzung gar nicht geschnitten werden soll. In der nächsten Vegetationsperiode entwickelt sich die Rose zu einem Strauch, der aus der Basis immer neue kräftige lange Triebe hervorbringt. Sie bilden die Leitäste, aus denen sich im folgenden Jahr die Nebentriebe (ca. 30 cm lang) bilden, die die schönsten Blüten tragen. Aus diesen Seitenästen bilden sich nun in den folgenden Jahren immer neue, jedoch kürzere Blütenzweige, so lange, bis der Trieb erschöpft ist und abstirbt. Um die Pflanze jung zu erhalten, ist es deshalb günstig, nach drei Jahren diesen alten Basistrieb auszuschneiden, um jungen Trieben Platz zu schaffen. Wächst ein neuer kräftiger Zweig aus der Mitte des alten Triebes, so schneidet man natürlich nur bis zu diesem zurück. Da die Alten Rosen ihre besten Blüten an den Vorjahrestrieben tragen, ist der günstigste Moment für den Schnitt die Zeit unmittelbar nach der Blüte. Sollten diese neuen Basistriebe jedoch so in die Höhe schießen, daß die Form der Pflanze dadurch beeinträchtigt wird, können sie im zeitigen Frühjahr gekürzt werden.

Die Damaszener-Rose 'Perle de Panachées' ist eine Rose mit gestreiften Blüten und den typisch kugeligen geformten Blüten.

Der Schnitt alter Rosen

Alba-Rosen
kein Schnitt, nur Auslichten, damit nicht ein zu großes dornenreiches Dickicht entsteht.

Gallica-Rosen
kein Schnitt, nur Auslichten, vor allem wenn die Rose als Solitärpflanze steht, als Heckenpflanze kann man sie in jede beliebige Form bringen. Beste Schnittzeit zeitiges Frühjahr.

Zentifolien und Moosrosen
die Einjahrestriebe im Frühjahr um ein Drittel kürzen, der übrige Schnitt beschränkt sich ebenfalls auf das Auslichten der alten Triebe, um bessere Blütenzweige zu produzieren.

Damaszener-Rosen und Portland-Rosen
die Sommer-Damaszener-Rosen so behandeln wie die Centifolien. Altes Holz ausschneiden und die jungen Basistriebe um ein Drittel einkürzen. Herbst-Damascener-Rosen werden ähnlich wie die modernen Teehybriden im Spätwinter oder im zeitigen Frühjahr geschnitten.

Noisette-Rosen und Teerosen
wenn überhaupt, gegen Ende des Winters erfrorene oder abgestorbene Triebe. Ein Rückschnitt der abgeblühten Triebe unmittelbar nach der Blüte fördert deren Neubildung. Für starke Triebe sorgen.

Bourbon-Rosen
Ende des Winters werden die schwachen Triebe auf 3–4 Augen gekürzt, die langen Triebe um ein Drittel zurückgeschnitten. Abgeblühte Triebe unmittelbar nach der Blüte zurückschneiden, fördert die Blütenbildung. Die besten Blüten erscheinen an den kräftigen Trieben, die nach der ersten Blüte entstehen.

China-Rosen
kein Schnitt.

Remontant-Rosen
wie Bourbon-Rosen.

Adressen

Rosengärten

Deutschland

Rosarium Sangerhausen/Thüringen, Steinberger Weg 3, 06526 Sangerhausen. Dort ist die größte Rosensammlung der Welt zu besichtigen.

Deutsches Rosarium VDR Westfalenpark, Am Kaiserhain 25, 44139 Dortmund

Rosengarten Zweibrücken, Amt f. Gärten und Friedhöfe, 66482 Zweibrücken

Rosengarten Eltville/Rhein, Verkehrsamt Schmittstraße 2, 65343 Eltville

Strauchrosenpflanzung im Park Wilhelmshöhe, Wilhelmshöher Weg 37, 34119 Kassel

Rosen- und Sichtungsgarten des Instituts für Stauden und Gehölze, Blumenstraße 10, 85354 Freising-Weihenstephan

Sichtungsgarten des Rosenzüchters Ingwer J. Jensen, Herman-Löns-Weg 39, 24939 Flensburg

Sichtungsgarten der ältesten deutschen Rosenschule Walter Schultheis, Rosenhof 61231 Bad-Nauheim/Steinfurth

Seit kurzem wurde in Bad-Nauheim/Steinfurt ein Rosenmuseum eingeführt, das einen Besuch wert ist.

Frankreich

La Roseraie de l'Hay les Roses, Rue Albert-Watel, F 94240 L'Hay les Roses

Roseraie du Parc de Bagatelle, Bois de Bologne, Paris

Garten von Monet, Giverny/Normandie

Le Clos Barbisier, Besançon

Roseraie Saverne/Elsaß

Roseraie du Parc de la Source, 45100 Orléans

Parc de la Tête d'Or, Cédex 3, 69459 Lyon

Schweiz

Sichtungsgarten der Rosenschule Richard Huber, Dottikon-Rotenbühl

Schloß Heidegg, Gelfinden, Kanton Luzern

Bern Chilchli, Neunkirch

Roseraie Hauser, Vaumarcus

Österreich

Rosarium von Baden bei Wien, Doblhofpark, A 2500 Baden b. Wien

Botanischer Garten von Linz, A 4020 Linz

Historisches Rosarium des Stiftes Admont/Steiermark

England

The National Trust, Mottisfont Abbey Rose Garden, Mottisfont

Romsey/Hampshire

Rosengarten von Sissinghurst Castle Garden, Sissinghurst/Kent

The Royal Botanic Gardens Kew, Richmond, Surrey TW9 3 AB

The Royal Horticultural Society's Gardens, Wisley/Ripley, Surrey GV 23 62 B Woking

The Gardens of the rose, Chiswell Green Lane, St. Albans/Hertfordshire AL2 3 NR.

Italien

Botanischer Garten von Monza/Lombardei (viele Teerosen)

Private Sammlung Prof. Dr. Fineschi, Cavriglia, San Giovanni Valdarno/Toscana

Bezugsquellenverzeichnis für alte Rosen

Deutschland

Baumschule Goos, 69168 Wiesloch-Baiertal/Heidelberg

Ingwer J. Jensen, ~~Hermann Löns-Weg 39~~, AM SCHLOSSPA... 2... ~~24939 Flensburg~~ 24960 GLÜCKSBURG

Rosenhof Walter Schultheis, 61231 Bad-Nauheim/Steinfurth

Weihrauch's Gartenrosen, Stf. Hauptstr. 53, 61231 Bad-Nauheim

Schweiz

Richard Huber, 5606 Dottikon-Rotenbühl

Eine Stimmung aus dem Rosengarten in Frankfurt.

Verwendete Literatur

Althöfer Heinz, ›Der Biedermeiergarten‹ Diss., München 1956
Anderson A. W., ›The Coming of Flowers‹, London 1950
Aretz Gertrude, ›Die Marquise von Pompadour und der Hof Ludwigs XV., Wien 1937
Bergengruen Werner, ›Der Spanische Rosenstock‹, Zürich 1985
Bernhard Marianne, ›Das Biedermeier‹
Bürgersinn und Aufbegehren, Katalog zur Biedermeierausstellung, Wien 1987
Bois Eric/A. M. Trechslin, ›Rosen‹, Zürich 1961
Boitard M., ›Complet de l'Amateur des Roses‹, Paris 1836
Brett Walter, ›The Rose Encyclopaedia‹ London
Buchers Miniaturen, ›Rosen in der Dichtung‹, 1968
Bunyard Edward A., ›Old Garden Roses‹, London 1836
Coggiati Stelvio/A. M. Trechslin, ›Alte Rosen neue Rosen‹, Zürich 1985
Deutsche Pflanzensagen. S… 1864, Repr. Fourier. W…
Die Ros… he,
… en
Günsbel Albert, ›Studien zur deutschen Kunstgeschichte‹ Heft 234
Haenchen E. u. F., ›Das neue Rosenbuch‹, Berlin 1974
Heine Heinrich, ›Neue Gedichte‹, Berlin
Hermann Georg, ›Das Biedermeier im Spiegel seiner Zeit‹, Berlin/Leipzig
Hobhouse Penelope, ›Farbe im Garten‹, Stuttgart 1986
Hofmann Claire, ›al Roseto‹, Thalwil/Zürich
Hole S. Reynolds, ›A Book about Roses‹, Edinburgh/London 1872
Jekyll Gertrude, ›Roses for the English Gardens‹, London
Jekyll Gertrude, ›Colour in the flower garden‹, London 1908
Jekyll Gertrude, ›Pflanzenbilder aus meinem Garten‹, Stuttgart 1988
Katalog d. Historischen Museums d. Stadt Wien, Sonderausstellung ›Blumen und Gärten‹, 1974
Kaut Hubert, ›Wiener Gärten‹, Wien 1964
Keller Horst, ›Ein Garten wird Malerei‹, Monet's Jahre in Giverny, Köln 1982
Kiaer Eigil, W. Hanke, ›Das große Rosenbuch‹, Berlin
Kingsley Rose G., ›Rose and Rose Growing‹, London 1908
Koller-Glück Elisabeth, ›Wiener Biedermeierhäuser‹, Wien 1985
Krüssmann Gerd, ›Rosen Rosen Rosen‹, Hamburg 1986
Landmann Salcia, ›Bittermandel und Rosinen‹, Frankfurt 1988
Lejeune Servais, ›Der Rose Pilgerfahrt‹, Hamburg 1983
Leroy Alfred, ›Mme. Pompadour und ihre Zeit‹, Zürich 1938
Lindley John, ›Rosarium Monographia‹, London 1820
Mc Farland J. H., ›Roses for the world in colour‹, London 1937
…eile Christine, ›Ich hab die Lust zu reisen gegen einen Rosenstrauch …ingetauscht‹, Konstanz 1987
…r Thomas, ›The political language …flowers‹, London
… Gerd Heinz, ›Die Rose, Entfaltung …s Symbols‹, München 1988
Nickels C., ›Cultur, Benennung und Beschreibung der Rosen‹, Preßburg 1845, Repr. Fric Moos
Nietner Th. E., ›Die Rose, ihre Geschichte, Arten, Kultur und Verwendung‹, Berlin 1880
Nissen Gerda, ›Alte Rosen‹, Heide 1986
Ohrbach Barbara Milo, ›Kräuter und Blumendüfte im Haus‹, New York 1986
Otto Adolph, ›Der Rosenzüchter oder die Cultur der Rosen‹, Erlangen 1958

'La Reine', eine Rose, die im Biedermeier entstand.

Paul Wilhelm, ›The Rose garden in two divisions‹, London 1888
Paul Wilhelm, ›Horticultural Literature‹, F. L. S. v. 1843–1892
Pemberton Joseph H., ›The Roses their history developement and cultivation‹, London
Pfundheller Josef, ›Der Blumenkaiser‹, Wien 1881
Philipp Brigitte, ›Mein kleines Rosenbuch‹, Frankfurt 1966
Philips Roger/Martyn Rix, Rosen, München 1988
Preiße Hand, ›Ratschläge für den Rosenfreund‹, Leipzig 1985
Rechberg Brigitte, ›Die Hlg. Elisabeth in der Kunst‹, Marburg 1983 Kat. 2
Redouté Piere Joseph, ›Die Rosen der Kaiserin Josephine‹, München 1984

Berichtigung

Auf Seite 92 wurde bei den Rosengärten und im Bezugsquellenverzeichnis die Adresse der Firma Ingwer J. Jensen falsch angegeben.

Die richtige Adresse lautet:

Ingwer J. Jensen, Am Schloßpark 2b
24960 Glücksburg

Literatur

Regel Dr. E., ›Monatsschrift Gartenflora‹ Bd. 1, 4, 6, 7, Erlangen 1852, 1855, 1857, 1858

Rhode Eleanour Sinclair, ›Shakespeare's Wild Flowers‹, London 1935

Rockwell F. F., ›The Home Garden Handbook: ›Roses‹, New York 1930

Rosen in Gelee, Leipzig 1985

Sackville-West Vita, ›Aus meinem Garten‹, Frankfurt/Berlin 1986

Sackville-West Vita ›Even more of my garden‹, 1958

Salvator Ludwig, Archiologue Lose Blätter, Abbazia/Wien 1886

Schindler U. R./Paul Kocke, ›Der Garten und seine Jahreszeiten‹, Berlin 1929

Schinz Marina/Susan Littlefield, ›Visions of Paradise‹, London 1985

Steinhauer Helmut, ›Vom betörenden Zauber der Rosen‹, Niedernhausen 1974

Stettler Alfred, ›Gereimtes und Ungereimtes über Rosen‹, Spize 1975

Stifter Adalbert, ›Nachsommer‹

›The National Rose Society's Select List of Roses and Instructions for Pruning‹, London 1925

Thomas H. H., ›The Amateur's Rose Book‹, London 1930

Thomas G. S., ›Old Shrub Roses‹, London 1961

Thomas G. S., ›Climbing Roses old and new‹, London 1965

Weidmann F. C., ›Die Rosenbaum'sche Gartenanlage‹, Wien 1824

Wesselhöft Johannes, ›Der Rosenfreund‹, Weimar 1873, Reprint

Westrich Josh, ›Die Rose alt und erlesen‹, Köln 1989

Willmott Ellen, ›The Genus Rosa‹, F. L. S. Vol. I, London 1914

Wolff Karl-Felix, ›König Laurin und sein Rosengarten‹, Bozen 1945

Wright Richardson, ›The Story of Gardening‹, London 1934

Zander Robert/Clara Teschner, ›Der Rosengarten‹ Lübeck 1978, Repr.

'Celsiana' ist nur halb gefüllt, aber mit ihren gefiederten langen Blütenkelchen eine sehr elegante Erscheinung.

Register

Ideen, die Ihren Garten verzaubern

Christiane Widmayr-Falconi
Bezaubernde Gärten
Faszinierender Bildband mit Ideen und Anregungen aus Cottage- und Landhaus-Gärten zum Nachgestalten: Planung, Gestaltungsvorschläge mit Material- und Bepflanzungstips, romantische Gartenideen mit detaillierten Plänen.

BLV Gartenberater
Martin Stangl
Stauden im Garten
Pflanzung, Pflege und Vermehrung; Sonnen-, Schatten- und Prachtstauden, Polster- und Steingartenstauden, Gräser; Arbeitskalender und beispielhafte Pflanzpläne.

Gärtnern leicht und richtig
Karlheinz Jacobi
Ziergehölze
Blühende Ziergehölze und große Sträucher; Ziergehölze für den Schatten, als Bodendecker, für Blütenhecken, für Balkonkästen und vieles mehr; Pflanzung, Pflege, Düngung, Schnittmaßnahmen, Pflanzenschutz.

Mary Keen
Gärten in allen Farben
Gartengestaltung in verschiedenen Farben und Nuancen mit attraktiven Farbfotos, gut nachvollziehbare Pflanzpläne und Farbgrafiken, Kombinationsmöglichkeiten verschiedener Farbtöne, Pflanzenporträts.

Gärtnern leicht und richtig
Karlheinz Jacobi
Rosen
Wo Rosen am schönsten blühen; Rosen und Partner: Stauden, Gräser, Gehölze; Pflanzung, Vermehrung, Pflege, Pflanzenschutz und vieles mehr.

Gärtnern leicht und richtig
Siegfried Stein
Sommerblumen, Gartenstauden
Grundlagen der Gartengestaltung; Porträts von Sommerblumen und Stauden für Naturgärten, Bauerngärten, formal gestaltete Gärten, für Farben- und Duftgärten, für Terrassen, Steingärten und vieles mehr.

Im BLV Verlag finden Sie Bücher zu folgenden Themen: Garten und Zimmerpflanzen • Natur • Heimtiere • Jagd • Angeln • Pferde und Reiten • Sport und Fitneß • Tauchen • Reise • Wandern, Bergsteigen, Alpinismus • Essen und Trinken • Gesundheit, Wohlbefinden, Medizin

BLV

Wenn Sie ausführliche Informationen wünschen, schreiben Sie bitte an:
BLV Verlagsgesellschaft mbH • Postfach 400320 • 80703 München
Telefon 089/12705-0 • Telefax 089/12705-543